EL ORÁCULO DE LA ADIVINACIÓN

EL ORÁCULO DE LA ADIVINACIÓN

El Santoral Yoruba.
Misterios y Predicciones
del Dilogun Caracoles

OCHUN ALAMACE SACERDOTE YORUBA

Para pedidos de copias adicionales de este libro, por favor contacte con:
Palibrio
1663 Liberty Drive
Suite 200
Bloomington, IN 47403
Llamadas desde los EE.UU. 877.407.5847
Llamadas internacionales +1.812.671.9757
Fax: +1.812.355.1576
ventas@palibrio.com
399511

ÍNDICE

GLORIOSO DEL
CONTENIDO PARA TODOS
OMORISHAS LAGUA LAGUAS

Mi nombre es Misael Ochun Alamace, Omoricha, Santero, por ahora mismo, aproximadamente la mitad de siglo que tengo hecho Ochun, y mi padre en el Santoral Yoruba es Asowano, San Lazaro. En mi letra obellono 8-3 de ita, que dentro de cada Santero que él tiene, se coronó en este religión Yoruba tenemos que la carta por nacimiento, {oddu} que están cuándo una es nacido, guía de consejos, en lo cual tres día después ponen a nosotros un nombre. lo cual es como a nosotros adentro el Santoral Yoruba, este legado religioso, que en el mitología africano es; El yoruba del panteón mismo Adentro, que se funda al Cariocha cabori elerda, cuerpos del Santoral Yoruba, cariocha humanos con cabezas; que Olodumare nuestro regalo creativo Dios en la conformidad para qué es creado de seres. Una vez que inteligencia en los dioses fue dotado de Orishas para los destinos de la humanidad del guía de regir los destinos humanos y rejir nuestro destino por los emisarios de Dios Olodumare orichas del Panteón Yoruba.

Cuál está dónde estos Emisarios del Panteón Yoruba, que a menudo los llama las Siete Potencias Africanas. Un Santoral, que dentro de los credos transcendentales, la formación humana, son lo que base ellos en la fe de credos religiosos en los hábitos que barbechan de tiempo. Mas es ahí en donde cuenta la historia de que las herencias que viven presentan, desde entonces de la semilla, que somos los árboles que continúan dando fruta de fe y entendemos arriba de adentro este religión Yoruba llamada Cariocha la Santería haciendo de Santos.

Cuál Igguoros, omorishas y lagua laguas, para recorrer el pasado, reconoce el presente y para acercarse al futuro en vivo a solas. Mas en este método de enseñanza, aprenden de dónde llegamos a ser capaces para saber dónde el empuje en esta religión del Santoral Yoruba, santoral que la forma de quien, un enlace de fe, a fin de que declare como Santero. cual obviamente les dejo saber, que la introduce cada método de enseñanza, que las fórmulas existen donde el numerología es llave de remover la fórmula. Pero es por esta razón, que basada en mis experiencias de la mitad de siglo los siglos adentro esta religión, les ofrezco las técnicas de aprendizajes en las fórmulas de pioneros del discípulo de aprendizaje de acuerdo tan guiadas a éstos; la tierra trayendo a lo largo de esta herencia religiosa que recibieron en herencia de nuestros antepasados africanos traídos en la trata de esclavos.

Cuál sintiendo orgullo de lo que soy de ocancan, de Santero de corazón, excepto ver del pueblo de Santeros en necesidad de la verdad para cumplir con el anhelo del alma sin dudas. En cuál es referente esta herencia religiosa, les ofrezco este manual de enseñanzas que he crecido como un tesoro desde él que desarrolla sabiduría se cosechas de inteligencia en el camino para cruzar atraves de la fe.

Omorishas del hermano y seguidores lagua lagua de esta herencia religiosa, que lo que mata la ignorancia "excepto la inteligencia". Es que si un sabelotodo es sabio, no es nada sin caer en cuenta de ello y él no se retrasa nunca para aprender. Eso es como tal esta religión Yoruba Misael dentro de su función y las técnicas de oráculos de leyendas de adivinación; eboses pakities que usted cuenta la historia de ardimuses. Usted les propone obras la hechicería de la religión de la Santería, canciones, osaines, dioses Orishas, las Deidades del Santoral Yoruba. Un mundo lleno de misterios, en los cuales, ellas que sabían que murieron y que los que saben nunca NO enseñe.

LOS SECRETOS EN LAS TUMBAS

En cada escrito, el folio es una herencia vivida religiosa. Cuál lo comparto en semilla para que la fruta de la sabiduría esparce adentro a título en cada uno a ustedes los fieles creyentes de esta herencia religiosa, un bastión de autoridad y tan adentro cada que reserva siete será volumen para venir

Encuentre las respuestas para sus preguntas en relación a esta herencia así llamada religiosa del santoral yoruba la cari ocha

Misael Ochun Alamace
Templo Lucero Mundo
www.Santeropalero.com

INTRODUCCIÓN

Este Soy Yo OChun Alamace

Mi nombre es Misael, mi apellido es la fe y mi palabra es la verdad. Soy Santero (Omorisha), Oba (Sacerdote) mayor, OChun Alamace, conocido como el mago de los caracoles, de lo cuales, he venido ejerciendo la religión de la Santería desde su llegada a los Estados Unidos. También las diversas religiones como, Palero, Tata Npungo, Casinbi Masa, Sance y espiritismo desde mi niñez. Tengo con pleno cocimiento del

Petro y rada trayectoria de experiencias vividas dentro de las diversas religiones con miles de ahijados.

Más, está en el decir que el que nutre su vida de sabiduría, llena el anhelo del alma y satisface el alma espiritual al máximo de sus creencias. Es por eso, que motivado por la fe, les brindare este manual de enseñanza, un tesoro que he guardado, técnicas de lo que es verdaderamente este legado religioso de la religión Yoruba y su función absoluta y como se ejecuta.

Esto no es de libros de historias y cuentos de hadas es lo vivdo en mi trayectioria de practicas ejerciendolas. De lo cual las ensenanzas En vez de servir de guías el pueblo Santero, se pierde en un valle de dudas donde las preguntas no encuentran respuestas, que llenen el anhelo, satisfacer en completo la satisfacción de los Omorishas (Santeros) y los fieles creyentes de la religión de la Santería.

Aun mas, expreso mi sentir y siento lamento y pesar a todos, mis aburres (hermanos), Omorishas (Santero) y los fieles seguidores de este legado religioso, que andan errantes en busca de la enseñanza. Como e sus anhelos y satisfazlas sus necesidades espirituales que buscan de los Orishas (santos) del Panteón Yoruba. Es aquí donde todos unidos por la fe que nos une, tenemos que abrasarnos como hermanos. Es como lo hicieron nuestros antepasados que arribaron en la oleada de la treta de los esclavos historias repetidas del despojo de sus tierras y a nuestros lo cual los hermanos cubanos, que llegaron trayéndonos este legado religioso, del cual crece y se multiplica de alma a alma y dejando que el repicar de los tambores vibre sus corazones.

Hermano aburres Igguoros Omorishas lagua lagua tomen nota, ya que dentro de mis lecciones y mis técnicas dejo aclaraciones que son de suma importancia en el conocimiento de este legado, del cual yo Misael formo un eslabón de la cadena de la fe en esta religión. De la cual les voy a enseñar las mañas y técnicas, de cómo se ejecuta la función del oráculo de la adivinación en consultas con los caracoles barajas y tablas de las cuales he diseñado para más facilidad de aprendizaje en lo que se refiere a llegar a ser un oréate (sacerdote mayor de la religión), como también les sirva de guía en esta religión de la santería en todo lo que se refiere este legado religioso del santoral yoruba Lucumi que llega para quedarse.

NOTAS DE ACLARACIÓN

Aburres hermanos omorishas Santeros lagua lagua de la religión, Yoruba Lukumi. También en mis enseñanzas quiero hacer mención, que este libro de mis experiencias vividas ejerciendo esta religión de la Santería y además oyendo en sus prácticas los mayores y ejerciendo la función del oráculo de la adivinación los caracoles el {diloggun] y guía que todos omorishas santero que a través del {diloggun} sea los caracoles, se hace posible la comunicación entre el santero y los santos {Orishas}.en un enlace que une los dos mundos lo físico como lo espiritual en eslabones de la unión de la fe misma dentro de este culto religioso

Ya que para religión yoruba el diloggun es la boca del santo y en honor a mi padrino Antonio Carmona Ewing, Tolú tengue en diata oba, sacerdote mayor de la santería, sea oréate italeros de renombre y a mi oba Santiaguito y a polo, Hipólito ocha gualle armadito chango dina don Víctor David ocoquilo José Manuel Oyardina Orestes Valdez David Lázaro y en memoria de todos los italeros, que arribaron a esta ciudad y tos los oluos Babalaos patriarcas y fundadores de sangrar la semilla de la santería en la ciudad de nueva York.

Dejo saber bien claro que en el oráculo de adivinación, que aunque una letra {oddu} se pueda decir, tal vez de una forma un poco diferente, no quiere decir que no tiene el mismo significado. Ya porque se diga obe a elleunle es lo mismo y porque se diga mano, a oche sigue siendo {oche} 5 y porque se diga {megua} sigue siendo Ofun el 10 y por que se diga mesa sigue siendo iriso ijirosun esto no cambia la letra ya que muchos religiosos sacerdotes o sacerdotisas yorubas no son catedráticos, ni químico y así eran nuestros ancestros africanos que todo era verbal hasta en sus enseñanzas. Ya que lo más importante es aprender que es de sabios y lo que mata la ignorancia de creerse que todo se sabe dejando la superación a un lado.

Ya para los sabelotodo en esta religión yoruba siempre todo está mal y yo Misael homérica ochun alamace, como sacerdote mayor de la religión de la santería, no vengo a enseñar gramática, ni historia, solo quiero enseñar santería de verdad y si uno le dice Oddi y el otro dice Oldi o Ordi para mi es lo mismo y esto es santería la religión yoruba lukumi, cari ocha cabori elerdad cabeza que lleva el cuerpo y no cuerpos sin cabezas como se pretende hacer por la falta de un aprendizaje basado exclusivamente de lo que es la santería Cariocha en sí de acuerdo al santoral yoruba y la mitología africana dentro del contenido de sus rituales leyendas ministerios paquities orun {rezos} historias pakities costumbres religiosas del pueblo yoruba que nos trajeron su herencia de credos a nuestras tierras lo cual es esta religión del santoral yoruba.

Aun más {aburres} hermanos, así es como se pretende llevar el timón de la embarcación donde tantos santeros, iya lochas, baba lochas que por fe a la religión estamos montados amparándonos del amparo divino de los {Orishas} los santos entidades que nos guían en nuestros pasos. No historias ni cuentos de lo que hablan los libros de la enseñanza equivoca ya que para hablare de santería no existe otra mejor forma que uno sea un santero por medio siglo, ya que la experiencia hablaría sola y no es ofensa sino aclaración a que en si nunca es tarde para aprender la religión en donde tantos devotos depositamos nuestra fe. Ya que lo importante es aprender la función de cómo se ejerce este legado religioso, que para los dramaturgos y estudiosos se dice Ijirosun y para mí esto de formalismos no va. Ya que los africanos no sabían ni leer ni escribir y esta religión era orar y los que quieran algo más que santería que se vallan a estudiar a la universidad gramática. Amen Aleluya que solo es el comienzo.de lo que viene adelante

Hermanos omorishas Igguoros {aburres} lagua lagua la simpleza de la fe, es la fe verdadera, la que crea alas para llegar a la sima, un concepto del cual, si de aprender se trata esta en la función, la práctica, la simpleza, de lo que en si representa esta religión yoruba la santería. Que a pesar del despojo de los atributos de la naturaleza ha sido capaz de sobrevivir bajo la persecución, emigrando como las aves de tierra a tierras dejando huellas, sembrando raíces. Por el paso donde los fieles creyentes. Que hemos encontrado en este legado religioso un bastón, en donde aguantarnos de nuestras caídas, con el soporte de los {Orishas} sea los santos deidades entidades del panteón yoruba. Amen aleluya. No se rían y sigamos adelante como el elefante que aprender es de sabios

Aburres Igguoros {hermanos} todos los días son de aprender en la vida, si el deseo amerita la enseñanza y no basta haber aprendido, si la vida es una escuela en si. Por eso en este manual de enseñanza encontraran ustedes desde la magia de la santería las mañas técnicas de los verdaderos sabios maestros italeros obas sacerdotes, donde la sabiduría se esconde, por el mero hecho de decir, que oreja no pasa cabeza formalismo de orgullo propio creo equivoco del pensar humano en su formalismo y orichas modernos como el santo dinero agregado al santoral yoruba.

Ya que lo que se va a la tumba, muere como la sabiduría, que no deja un legado para que otros aprendan. Conceptos equívocos y razones, el porqué tantos secretos se fueron la tumba, desde que se origino esta religión.

Donde dioses deidades potencias Orishas quedaron en la pagina del olvido ya que contaba con cientos de deidades {Orishas} dentro del santoral yoruba Lucumi. De los cuales se han quedado en las páginas del olvido, secretos de tumbas, legados muertos al tiempo del cimiento de esta religión del panteón yoruba. Ya que bien claro lo dice el significado panteón Tumba difunto historia sin principio ni final. Amen aleluya más ríanse si quieren porque aprender es de Sabio y la parecer se me solto la lengua

La Cari Ocha
(La Santería)

Hermanos omorishas lagua lagua de la fe, la fe mis enpanguis Igguoros omorishas lagua lagua y seguidores de este legado religioso en si es un misterio del la cual, descifrarlo en total acuerdo nos cuesta hacer de ello motivo para alcanzar de lo que nos proponemos sin que las dudas estén presente. Al que si vamos a ver, la fe traspasa hasta las montañas. Pero, ¿acaso esta práctica se está ejerciendo de acuerdo del alcance de lo que se puede lograr, a través de la fe? Porque en si la religión, ni los credos hacen al hombre, ni por pertenecer a una u otra religión quiere decir que uno vive lleno de fe. Porque, no es la fe la que flaquea, sino, uno mismo a través de no haber llenado el anhelo del alma en hacer de la fe viva para hacer el amparo de lo que creemos en nuestras vidas religiosas. Amen

Por lo tanto, es aquí donde más allá de la fe, vive la fe. Es por este motivo de la misma fe, que hago mención para todos ustedes los fieles creyentes y devotos de la religión de la Santería, tengamos bien presente, que dentro de los legados religiosos, si se puede llegar a completar los anhelos del alma, si tan solo sintiéramos la química que mueve las montañas que es la fe. Mas no es caerse y quedarse en el piso ni errar para poder aprender del error cometido ya que nunca es tarde para aprender de esta religión del santoral yoruba.

Omorishas (hermanos) lagua lagua, la fe tiene sus formulas, deseo, motivación iniciativa, seguimiento, voluntad, poder mentar y sobre todo, fe. ¿Que ustedes creen mis aburres, (hermanos), tendrá la razón, razón de ser razón? Solo la ignorancia lo pudiera ver de otra manera de un mundo que está en duda dentro del factor de la fe. Amen

Hermanos de la fe, yo mismo me motivo dentro de estos párrafos, que al llegar a ustedes, para comprendan lo que me motiva hacer de este libro de la Santería realidad y viviente; que es la que motiva la fe y hace posible mover esa montaña y quitarnos el velo que nos ciega en el mundo de lo sabelotodo. Porque de lo escrito, tal vez existan verdades de lo que fue la religión de la Santería (Cari osha) su origen, trascendencia y muchos cuentos e historias, hasta los niños de hoy día saben que los negros vienen de África.

Por lo tanto esto tal vez, sea una realidad, cuentos de hadas, trascendencias y orígenes. Pero acaso hermanos de la religión de la santería no es lo suficiente saber, que este legado religioso viene de África en conforme con la fe de los fieles creyentes que nos apoyamos de ella, para nuestra fe en la vida como el bastón que nos sostiene.

Tal vez alguien pueda pensar que lengua más larga tiene Misael ochun ala mace {homérica} santero pero no es hablar de la santería por historietas y cuentos de información y literatura de libros si dentro de la esencia no existe el perfume, la química de lo que verdaderamente es este legado religioso. Del cual es un misterio en si para descifrarlo. Ya que dentro de sus ceremonias y rituales, es donde está la vida misma, de lo que encierra este misterioso mundo, en igualmente a nosotros los que con la vestidura de fe, en nuestras creencia, nos recostamos de la fe misma. Algo que en la humanidad es lo que nos motiva a creer a través de la fe para vivir de la fe.

Igguoros omorishas Aburres {hermanos} de la fe lagua lagua, ¿a dónde se puede encontrar la fe, sino dentro de la fe, en la cual, la fe mueve montanas? Por eso, dentro de esta escritura, esta mi fe de tantos años que pasan de medio siglo dentro de las diversas religiones Santería, Palo y Espiritismo y el tiempo es mejor testigo. Si dentro del vivir sembramos fe para cosechar fe, de la cual reparto para que todos por igualdad, podamos disfrutar de la esencia de la sabiduría; que es la que mata la ignorancia del no aprender a ciencia cierta lo que debemos saber de lo que profesamos en nuestras vidas de credos dentro de las religiones.

Mas no es culpable el inocente si no se le enseña adecuadamente de los legados religiosos. Porque si de culpables se trata tanto mayores, como menores como seguidores seriamos culpables. Pero en este caso no es buscar al culpable. Ya que ante de Dios {Olofi Olodumare} nunca es tarde para uno aprender. Esto es lo que yo de corazón me gustaría serles útil y repartir mis experiencias con todos ustedes, dentro de este legado religioso, del cual formo parte por tantos años, en la religión de la santería.

Yo Misael, tengo coronado ochun, la santísima virgen de la caridad del cobre y mi padres es {Asowano}, san Lázaro del cual hago de mi fe en ellos, vida de mis experiencias, de las cuales les pueden ser de gran utilidad, en los caminos de aprender, a fondo de lo que se trata, esta religión de la santería, dentro de sus secretos rituales eboses ardí muses rituales e ceremonias. Ya que es aquí, en donde está la esencia verdadera de este legado religioso del cual expongo de mis experiencias, para que cada uno de ustedes pueda encontrar las respuestas a tantas preguntas, dentro del pueblo de los santeros {omorishas}.

Hermanos de la fe lagua lagua, tal vez el diario vivir nos traza caminos del andar y caminemos y caminamos dando pasos, pero el fruto de la sabiduría es la que marca la ruta del marcapaso de la vida. Si la fe está presente en nuestras almas y nos enseña el camino correcto, para emprender el camino de la fe, para alcanzar la satisfacción del anhelo del alma en lo que profesamos en este legado religioso, del cual estos párrafos son mis huellas de pasos dados ejerciendo esta y otras religiones como palero espiritista y santero brujo. Amen Aleluya

Por eso, yo Misael, al referirme a la santería me visto de fe para llegar a ustedes mis {aburres} hermanas. En dando lo máximo de mi, en esta enseñanza de la religión de la santería de la cual forma parte de mi vida, por medio siglo ejerciéndola día a día como un fiel servidor de fe en esta religión de la santería desde su llegada a este país de los Estados Unidos.

{Igguoros omorishas} lagua laguas de la fe, una carga dividida pesa monos y una sabiduría compartida en todos los creyentes puede hacer el milagro dentro de un pueblo que busca apoyarse de la fe. Mas es aquí donde entra en acción, el llenar el anhelo de alma, para encontrarse uno mismo satisfecho, de lo que es dentro de lo que uno profesa, dentro de la fe. De acuerdo a los diversos credos religiones sin importar cuál de él sea en particular la devoción de nuestros gustos a que cada cual profesa lo que siente. Ya que no es la religión la que en si salva. Pero aprender su función, sus reglas, rituales costumbres, nos acerca más a la verdad. De saber de dónde venimos y para donde vamos en cuanto a lo que profesamos, dentro de nuestras creencias religiosas del santoral yoruba.

Es aquí, hermanos omorishas lagua laguas donde la enseñanza, juega un papel muy importante en lo referido, hasta donde nos ubicamos, para escalar la cima y de llegar al fondo de donde nace la fe, que nosotros profesamos. Ya que si no llenamos el anhelo, el vació, de las dudas, siempre vamos desnudos dentro de ese mundo de dudas. Algo que aunque la práctica esté presente, si de ella nada se aprende, estamos perdidos en un mundo lleno de dudas, e indecisiones, que a la larga no nos conducen a nada bueno. Porque, si la duda mata y no llena el anhelo de la satisfacción completa del alma, seguimos incompleto en nuestros principios religiosos. Amen aleluya y sigan riendo que falta más de risa si quieren aprender. Mis hermanos lagua lagua {aburres}, cuando la vida es conforme, es cuando la satisfacción del alma llena el vació y nos crea luz a la oscuridaden bañarnos entre dudas. Ya que de siempre vivir con la duda cargada a cuesta durante nuestra existencia, es un peso que a la larga no nos conduce a nada bueno.

Porque para crear fe tenemos que aportar fe devoción principio religioso y dejarnos de brincar de árbol en árbol como la mariposa. Amen aleluya y sigamos con la santería.

Pero si del andar nada aprendemos, como vamos a aprender. Están así hermanos {Igguoros omorishas} que en la vida cuesta en aprender. Mas como lo vamos a hacer si nadie nos enseña el camino de la sabia del vivir, dentro de lo que hoy día conocemos como las religiones, que solo son caminos para alcanzar los anhelos de la satisfacción del alma en nuestras creencias, en donde apoyarnos de la fatiga del vacío del Alma, en donde buscamos de soluciones dentro de este legado religioso del santoral yoruba para ampararnos de la fe.

Ya que dentro de ella, es que encontramos esos personajes sabios, dentro de los legados religiosos. Para ser nuestros guía en apoyarnos de las entidades deidades dioses potencias {Orishas} santos regidas por un ser supremo que es {Olodumare} Dios dentro del santoral yoruba. Aun mas dentro de la mitología africana la cual nos trajo la semilla, la cual como las aves cruzan los mares y así creció, creció dando fruto, de lo que es esta religión yoruba que dentro de su repicar de tambores hace víbrale los corazones de los fieles creyentes de este legado religioso del santoral yoruba. Amen Aleluya sigan riendo

Por eso dentro de la religión de la santería este legado religioso, en la {Cariocha} tenemos tantos sabelotodo. Porque como no se enseña y todos quieren ser sabios, dioses, caciques deidades {Orissa}, santos en persona en persona y esto solo se debe a la falta de información existente al pueblo santero.

Porque aunque el perico canta, si lo pones dentro de un escenario sigue siendo el mismo perico. Por eso la enseñanza es la que nutre el alma y nos crea satisfacción, llenando el anhelo que llena el vació de vivir siempre recostado de las dudas. Porque {omorishas} hermanos no es ser santero, por decir yo soy santero, algo que se oye por doquiera en esta religión del panteón yoruba. Ni querer enseñarle al mundo que pertenecemos a esta religión, como si esto fuera un trofeo, por habernos iniciado en esta religión de la santería. Amen

Tal vez, yo no sea el único que estoy de acuerdo con lo que digo. Porque sé que tengo muchos aliados, que respaldan lo que yo hablo, aunque tal vez la ignorancia de algún sábelo todo dentro de la religión pueda pensar diferente a mi en esta o otra religión. Pero solo la sabiduría, es capaz de matar la ignorancia y el que se nutre del saber, aumenta la capacidad de saber de dónde viene y para donde va en esta religión de la santería.

De la cual dentro del alcance de superación de tantos años y motivado por a fe y de mis experiencias, hago llegar a ustedes estas notas que es en mi alma, mi devoción y principio religioso que le servirán de enseñanza, para aquellos que se esmeran por aprender a fondo de lo que en si se trata esta religión de la santería obtengan de mi lo andado dentro de este legado religioso.

No de cuentos e historias de información incorrecta, porque no es lo mismo, hablarse historias de trascendencias y orígenes que lo que en si encierra este legado religioso, el cual se conoce como la santería, por verlo como un santoral, pero es cari ocha, deidades dioses del panteón yoruba, Orishas que forman parte de las siete potencias africanas, que en si son potencias a las cuales se les rinde tributos y reverencias dentro de este legado religioso, del cual hoy día se le conoce como la religión de la santería.

{Igguoros omorishas lagua laguas} hermanos de la fe, la religión en sí de la santería, es el nombre actual, que se le pone a este legado religioso, ya en el llegar a estas tierras en la trata de la oleadas de esclavos, que arribaron a nuestras tierra del Caribe, por las cual se fundó basado en fe de su trascendencia y costumbres, principios, El cual tomo otro rumbo. Cambios en los cuales se le dio una transformación de la forma, hasta de cómo ellos mismo, en su tierra natal practicaban esta religión del santoral yoruba historia viviente que no muere.

De la cual insiera tradiciones desde sus ancestros en sus prácticas donde ellos mismos, dentro de tribus aldeas cabildos templos chozas, practicaban la fe de sus creencias. De acuerdo a un legado religioso de ancestros a ancestros de vida a vida religiosa, enseñanza de costumbres religiosas que prevenían de sus antepasados en sus creencias religiosas en la religión yoruba orígenes de la mitología del santoral yoruba. La cual todavía el repicar de los tambores su melodía se siente en nuestras calles. Amen Aleluya

Ya que el pueblo lukumi, Los yorubas de descendencia africana la cual heredamos, dentro de sus conocimientos religiosos al verse bajo el yugo y el látigo, se las ingeniaron para despistar los ojos puestos encima de aquellos opresores. Ya que su fe misma en sus creencias, ellos sabían de cierto que sus rituales y costumbres no eran del agrado de los amos.

Hermanos {aburres Igguoros omorishas} de la fe. Fue así, como los esclavos que arribaron, aunque venían de diferentes lugares de mezclas se convirtieron en un solo pueblo unido un clan, culto por la fe. Dándole rienda suelta para hacer posible los primeros cabildos clanes templo chozas, casas de santo {ille osha}. Eran clanes unidos que formaban una cadena, por revivir la fe, de la cual fueron despojados de su tierra natal. Esto es de admiración, si lo viéramos como fe en sí, para ser nuestro guía de enseñanza en esta religión de la santería.

Por lo tanto, existen diferentes teorías de acuerdo a la forma en la cual tomo, su rumbo los clanes que formaron los cabildos [ille] casas de santo desde su comienzo en las tierras del Caribe y ponemos a cuba como el ejemplo. Ya que está catalogada como la cuna de la santería de las islas del Caribe y que en la actualidad parte de su pueblo ha hecho de esta religión de la santería sus creencias a este legado religioso.

También por obra de {Olodumare} Dios que ha traspasado las fronteras para llegar a todos los continente y vino para quedarse. Ya que ha entrado a los corazones de tantos fieles creyentes. De los cuales, hasta yo mismo al llegar a la gran manzana, he tenido el gusto de haberme iniciado como {homérica} santero ejerciendo por tantos años. Donde el repicar de los tambores sigue vibrando corazones dentro del pueblo santero

Es aquí donde surge el concepto del movimiento de la comparación del sincretismo para comparar esta religión con la religión católica. En donde aquellos esclavos tomaron la iniciativa de hacer de los dioses y deidades potencias sea los {Orishas} santos, como un santoral de adoración en igualdad con el mundo civilizado poniéndole nombres de santos católicos un disfraz que a la larga se quedo así llamado la religión de la santería.

Mas esto, hermanos omorishas, lagua laguas en si favoreció grandemente a que esta religión en si sobreviviera, ante tanta opresión por tan solo, variar a las costumbres de aquel pueblo yoruba, que en si tenía sus propios ideales religiosos. De los cuales hoy día los fieles creyentes estamos disfrutando de la religión de la santería, cari ocha a pleno gusto, donde diariamente se están iniciando personas, gracias a {Olodumare} Dios que así lo ha querido dentro de este legado religioso. Y el repicar de los tambores africanos sigue vibrando corazones. Amen Aleluya y no se rían.

Igguoros hermanos lagua lagua Omorisha, hermanos de la fe, la vida primordial para la fe que de ello se alimenta, de cultos religiones del pasado que vive en el presente.

La trayectoria de este legado religioso tiene historias de acuerdo a la función de sus historias vivientes desde su cimiento. Ya que el pueblo yoruba lukumi estableció dentro de sus reglas, e ideales cultos y principios religiosos costumbres de su pueblo en apoyo de seguimientos los cuales de su semilla traída del continente africano la sembraron en nuestras tierras, fruto de lo que somos los fieles creyentes de este legado religioso del santoral yoruba.

Cambios del existir en depositando su fe, en acuerdo a lo que ellos bajo de sus costumbres trascendentales y creencia, no era negar sus costumbres, ni alterar la fe, en la cual ellos practicaban, desde sus trascendencias de tiempos pasados basados en sus principios religioso su orígenes fundamentales de sus credos cultos religiosos.

Por lo cual los yoruba eran fieles a sus creencias religiosas, sin pensar que a través del tiempo tuvieran que hacer de la religión y costumbres cambios, un disfraz, ya que ameritaba para la sobreviví encía de este legado religioso, del cual ellos habían vivido dentro de sus costumbres. Pero en verdad hermanos Omorishas lagua lagua la esencia del legado religioso jamás fue cambiada dentro de sus corazones, ni bajo el yugo, ni el fuete a lo que fueron sometidos, pero Jamás doblegaron su fe.

Más es por esta razón hermanos de la fe, que el modernismo hace perder las costumbres, ya que la civilización y el tiempo del modernismo alteran los rituales hasta dentro de las religiones. Pero lamentablemente, la santería es una religión de fe un universo un mundo del cual tiene su fórmula de ejecutarla, sin más ni menos.

Ya que este legado visualiza la vida misma del creyente en su comportamiento de fe. Ya que la gracia el {ache} la bendición tiene un nombre que se le llama {Olodumare} Dios nuestro creador del cual están regidas las almas dentro del enlace de la unificación de elevación con el creador y sus emisarios mensajeros en regir nuestro destinos como lo es la santería sea el santoral yoruba. Amen aleluya y sigamos con la santería

Mas es aquí donde toman parte los emisarios que vienen siendo los Orishas santos potencias deidades dioses del panteón yoruba donde comandado por {Olofi} Dios él le da la potestad a sus emisarios para que rijan nuestros destinos. Algo de admiración de la religión de la santería de la cual es el marcapaso de la vida de los fieles creyentes que nos apoyamos de la fe en esta religión de la santería en donde el repicar de los tambores africanos los cuales vibran en nuestros corazones. Amen Aleluya y sigamos con el santoral yoruba

Hermanos de la fe, omorishas Igguoros lagua laguas en esta religión, el concepto de lo creado, va más allá, que el universo y hasta la vida misma. Como la historia viviente de un pasado transformado a un presente. Ya que la palabra {Olodumare} Dios es más grande que hasta la misma vida de lo habido y de lo haber. Ya que el mundo es pequeño ante su creador en igual a nosotros mismos ser omnipotente sin comparación el punto de partida en donde nace la vida en acuerdo a este legado religioso del panteón yoruba.

Hermanos lagua lagua omorishas {santeros} y fieles creyentes, ya que su poder no tiene comparación dentro de esta ni ninguna religión del mundo, ya que es venerado por todos bajo la faz de la tierra. Por eso el pueblo yoruba comprende que en {otonogua} el cielo, es la gracia viva del {Ache} gracia bendición que está en {Olodumare} Dios, que fue el que le dio el {Ache}, la gracia a los {Orishas} santo, para que así rigieran nuestro destinos y que {Olo} es el punto de partida, de donde todo nace en la vida para dar comienzo por obra de {Olodumare} Dios. Principio y fin alfa y omega y aquí si decimos amen

Es aquí donde la fuente de energía celestial toma vida para que lo creado por su fe alcance la gracia de {Olofi} Dios en enfrentar la vida, de acuerdo a la fe. Mas todo se puede esperar si dentro del factor de la fe predomina, la fe misma. Por eso esta religión de la santería, en si tiene su {Ache} gracia, de la cual si se comprendiera el significado de lo que encierra este legado religioso, entre sus devotos y fieles creyentes, otro gallo cantaría en el amanecer de nosotros los creyentes de este legado religioso del santoral yoruba.

Pero hermanos donde está el que enseña si el que enseñaba se murió, entonces quien nos puede enseñar los misterios que encierra este legado religioso, del cual la falta de enseñanza abarca a los fieles creyentes de la reeligió del panteón yoruba. Ya los esclavos que arribaron a nuestras tierras están muertos para venirnos a enseñar de lo que se trata esta religión de la santería el panteón yoruba.

Hermanos de la fe, la religión de la santería no tiene límites de enseñanzas, en las cuales no se Deva aprender. Ya que dentro de su doctrina y sus conceptos religiosos y las costumbres rituales ceremonias no limitan al pueblo santero, ni a los fieles creyentes en cohibirlos, de un aprendizaje, que aumente la capacidad mental y espiritual del creyente dentro de este culto religioso.

Al contrario la sabiduría mata la ignorancia y un pueblo sin conocer a fondo en donde está situado es no saber de dónde viene, ni para donde va y eso mismo es lo que está sucediendo dentro de esta religión del santoral yoruba, que los que dicen saber, no enseñan y los que sabían se murieron. Algo que deja en el vació a los fieles creyentes de esta religión de la santería. Y así mismo sucede en la religión del Congo. Amen aleluya. No se rían

Mi pregunta esta hermanos {Igguoros homérica } de la fe, hasta donde está limitado el aprender de esta religión, ya que la capacidad mental y espiritual no tiene límites, que nos cohíban aprender de acuerdo a la sabiduría, que es, que todos los día se aprende algo nuevo del diario vivir.

Pero, lo que yo, como santero, nunca he podido comprender, la prohibición, de los mayores a los menores. Ya que hasta el mismo reino animal los pájaros enseñan a sus polluelos al contrario, de lo que ha venido pasando dentro te esta religión, la cual deja muchos lamentos en el mundo de la santería de los fieles creyentes que se entregan de alma vida y corazón mas viven en el mundo de las dudas y preguntas sin respuestas que puedan contestar nuestras preguntas religiosas dentro del pueblo de la fe que la duda embarga y sumerge, mas preguntan el porqué sin tener respuestas adecuadas de sus propios credos religiosos.

Mas se esmeran en aprender, pero lamentablemente, nadie les quiere enseñar y esto lo que hace, es perder fieles por la forma en cómo se viene practicando esta religión de la santería. Una religión que vino para unificar almas a través de la fe, más como vamos a seguir las costumbres y llevar el ejemplo que nos dieron nuestros ancestros africanos que se dieron un abrazo de hermanas en reunificar sus creencias y esto es de admiración. Amen Aleluya y no se rían

Entonces como se puede aprender a fondo el camino a seguir porque esto es por conveniencia de los mayores o algo anda mal en este legado religioso. Porque ya la era de la esclavitud ha pasado y las reglas del juego te la treta de los esclavos de los amos ya pasos en este legado religioso. O es acaso el modernismo en hacer de la religión de la santería un monopolio de reglamentos que no tienen fundamento de ser y eso le viene sucediendo al pueblo santero. Que desde un comienzo se le tranca la puerta a la enseñanza y esto lo digo por experiencia propia, por la cual me ha costado aprender pero gracias a Dios poco a poco lo he logrado a través de mi esfuerzo de superación, en igualmente a la religión de palo monte del cual forma parte de mi el oficio Congo

Igguoros, Aburres {hermanos} los {Orishas} santos alertan al ser humano en aprender de acuerdo a la capacidad de elevación, en sueños, evidencias trances, revelaciones, como guías, que son al fin para con nosotros. Entonces porque el que dice saber, por mayor padrino o madrina no enseña o es acaso que tampoco le enseñaron y por eso no enseña.

Por lo tanto esta es unas de las razones que me impulsa a llevar mi labor de enseñanza, en este libro en el cual hablan mis experiencias por mí a través de medio siglo, con miles de ahijados y tantos Orishas coronados como oba con pleno conocimiento de lo que se trata esta religión de la santería y también como Kisi Molongo cheche bacheche. Amen Aleluya y no se rían, que la verdad es hija de Dios

Ignoro omorishas { hermanos } de la fe, la conducta humana al parecer en muchas ocasiones no usa el juicio de conciencia al hacer decisiones erróneas y esto mismo es la razón del porque las reglas del juego se cambian de acuerdo a la conveniencia humana, que en muchas ocasiones saca ventaja del que no sabe. Mas no les conviene que aprenda para que siempre cuente con ellos y esto es lo que viene pasando en esta religión de la santería, que las reglas del juego se han cambiado para que los fieles no aprendan de lo que en si encierra esta religión del santoral yoruba. Un universo, un mundo, un credo, la obra de {Olodumare} Dios en darnos guías para regir nuestros destinos a través de los Orishas {Orishas} en igualdad a la fe no para sacar ventajas. Amen aleluya que lengua más floja. No se rían

Igguoros, hermanos {aburres} al referirme a la fe los yorubas y sus descendiente en su concepto de vivir de la fe eran unidos en formar cadenas de fe, en unificar los abrazos de hermandad que fue como pudieron sobrevivir ante tantos maltratos agobio genocidios tormentos desprecios y el yugo sobre sus lomos, en trabajando de sol a sol.

Pero es de admiración que todavía así sacados de su tierra natal se unificaron dándose las manos en enseñarles unos a otros y que la religión yoruba solamente se coronaba el ángel guardián pero ellos decidieron unirse y hacer posible que en la unión esta la fuerza que es lo que dentro de este culto religioso conocida como la santería religión yoruba la cual practicamos hoy día, pero esto sucede en la actualidad ¿que ustedes creen mis {aburres} hermanos? Amen aleluya y sigamos con el tema. Amen Aleluya Ochun Alamace

TÉCNICAS DEL ORÁCULO DE ADIVINACIÓN E INTERPRETACIONES SEGÚN EL ORÁCULO DE LOS CARACOLES EL DILOGGUN

Este Soy Yo Ochun Alamace

Este Manual de enseñanza, está basado en la forma cómo interpretar el oráculo del {dialogan} caracoles, según se hace en la religión del Panteón Yoruba la Santería. Religión exclusivamente propia, en sus rituales, ya que a diferencia a otras legado (religiosas) tiene su propia formula basada en numérica, pero con el diloggun sea los caracoles mágicos que hablan por la boca del santo, los cuales se utilizan dieciséis caracoles.

Por lo tanto este método les daré dieciséis cartas con los respetivos oddu y su significado. {Iré} el bien {Osorbo} el mal oddu de los caracoles eboses "limpias" tablas numéricas de las combinaciones tanto para las cartas como para la lecturas de los caracoles técnica y un método simple de aprender

Un método antiguo fundado por los pioneros haciendo posible que a través de los caracoles sus dioses, deidades, entidades, Orishas y santos pidieran hablar sus mensajes. Algo, tal vez, increíble, pero muy cierto. Ya que no cabe duda en sus fieles creyentes que se abrazan a la fe, que los une a su creencia religiosa, donde la vía de comunicación entre los omorishas (hijos de santos) y los Orishas (santos), es a través de los caracoles, que es la boca y la voz del espacio celestial de los Orishas santos.

El cual es interpretada por los sacerdotes mayores, oba y oréate con pleno conocimiento en la religión y costumbres de sus obras, y rituales dentro de esta religión del santoral yoruba en prácticas de lecturas para regir sus destinos.

Este oráculo, forma de consultar y los personajes que lo interpretan les costaban mucho tiempo y largos años de experiencias, sacrifico, devoción y un buen maestro para aprender. Ya que llegar a oréate es un rango mayor en la religión de la santería personaje guía de ceremonia sea el padre sacerdote que da la misa pero en este caso auspicia un ritual dentro de este culto religioso de la religión yoruba lukumi.

Por lo tanto es tanto así, que durante largos años de experiencia, haciendo esta religión y maestro del arte de interpretar los mensajes por mediación de los caracoles interprete con rango de oréate medio siglo de experiencia dentro de diversas religiones santero, palero, consejero espiritual, les presento este método de enseñanza técnica desarrollada del oráculo de adivinación practicas de los sabios sacerdotes mayores de lo cual ago. Llegar a ustedes con técnicas de cartas para un mejor entender las lecturas

Pero esta vez con cartas, pero sin alterar el por educto ni la esencia de este legado religioso, del cual he ejercido por tantos año y que cuento cientos de ahijados. Yo Misael, Ochun Alamace, el mago de los caracoles nombre que se me llamaba por la radio. El cual me he ganado por mi dedicación y devoción a esta religión de la Santería la cual ejerzo por tantos años regido por fe de mi devoción de credos.

Les presento algo que ustedes aprenderán a consultar con tablas. Un método que hablara por si solo a través de las cartas (barajas) a diferencia de usar los caracoles y a la misma ves aprenderán a interpretar los oddu y los signos (letras) de lo que dice el dialogan los caracoles. Que es el oráculo de adivinación de la religión del Santoral Yoruba.

Mas al hablar el contendió será el mismo. Pero a diferencia que en cada baraja, estará escrito el significado y lo que usted puede hablar al tirar las cartas. Ya que este método de enseñanza les servirá a los Omorishas y Santeros a conocer su propio Ita y tener un mejor entendimiento de lo que se trata la religión Yoruba. Mas una forma de consultar en comparación con el diloggun los caracoles que es el oráculo de adivinación del pueblo Santero.

Algo tal vez no muy usual, pero los métodos de enseñanzas varían y los tiempos. Por eso dejo claro para los sabelotodo, que jamás pretendo cambiar la religión de la Santería. Mas en si enseñar técnicas de mi repertorio, que para en mi entender, le serán más sencillas en su aprendizaje, del cual mis experiencias y mi mejor deseo de enseñar les puedan abrir las puertas a la sabiduría que es la que mata la ignorancia. Amen Aleluya que aprender es de sabios.

Ya que los caracoles, es la boca del Orishas (Santos) y del cual los fieles creyentes y devotos de este legado religiosos nos guiamos en nuestras vida. Estas lecturas, consultas registros, con los caracoles {dialogan}, ya que sus interpretaciones hacen la diferencia cuando nos iniciamos al hablar por nosotros. Mas quiero que sepan que en este método de enseñanza esta mi reputación y mi integridad y devoción a este llegado religioso de la Santería.

Este oráculo el cual he diseñado de acuerdo a técnicas adquiridas es simple, no es complicado de acuerdo a mi criterio lo he estudiado y los resultados en las consultas registros santo han sido excelente el resultado en su mensaje, o pronósticos. Ya que en comparación al mismo oráculo de adivinación de los caracoles el diloggun tendrá dieciséis oddu letras, dieciséis Osogbo {males}, dieciséis {iré} bien de este legado religioso en su simulación.

Pero a diferencia de que a través de tablas y las cartas se puede aprender la magia de las consultas de la religión Yoruba con un método simple hasta dominar por completo el arte de ser un mago dentro de las consultas, registro, lecturas, sea con los caracoles como con estas cartas de los Orishas, las cuales les servirán de guía abriendo la puerta del oráculo de los caracoles en el Santoral Yoruba. Algo nunca visto hasta que Misael Ochun Alamace con la ayuda de mis Santos, Espíritus y sobre todo Dios (Olodumare) me ha dado la gracia y el ache para hacer de este método posible. Amen Aleluya

Ya que en mis experiencia de las consultas con los caracoleros más siendo italeros siempre y cuando tenga el mismo contenido dentro de la consultas, sea por el caracoles o la baraja. Que con este método lo puede húsar cualquiera de los dos, dejándose llevar por lo escrito en la carta. Este método es una ayuda para e que no tiene conocimiento de esta religión y el oráculo de adivinación a través de los caracoles el dialogan, que es la boca del Santo de acuerdo a este legado religioso de la religión de la Santería.

Igguoros, Omorishas, lagua lagua hermanos de la fe, este legado religioso era orar y nada estaba escrito, ni en libritos y ni cuentos de hadas, mas quiero que sepan, que ya de los maestro quedan muy pocos y los que saben no enseñan nada. Y estas son las razones porque el pueblo Santero no adquiere el conocimiento completo, pues los que saben no enseñan y los que sabían se murieron.

Pues nadie quiere enseñar y muchos saben lo todo necesitan es enseñanza para ellos mismo de acuerdo al rumbó de la religión de la Santería. Ya que en este método, técnica del oráculo de adivinación, la cual es la vida misma de lo que dependemos los Santeros {Omorishas}. Para guiar nuestro destino, ya que la fórmula del cimiento el cual no ha variado de generaciones a generaciones dentro de este legado religioso, es la semilla del pasado y el camino del presente. Amen

Del cual yo como Sacerdote mayor, Santero {homérica} formo parte desde el comienzo de la llegada a este país, tiempos buenos de los patriarcas que arribaron a estas tierras verdaderas sabio del arte y la flora de la adivinación a través de los caracoles. Verdaderos italeros que dentro de sus registros consultas consiguieron establecer la religión Yoruba para que formara parte de nuestros credos cultos de la mitología africana insert period Dentro de lo que hoy día conocemos como el Santoral

Yoruba, en donde el repicar de los tambores hacen vibrar los corazones de los fieles creyentes de este legado religioso.

Este método de enseñanza hermanos {aburres} Omorishas de la religión y sus devotos está diseñado a través de técnicas utilizando caracoles cartas. Ya que lo he diseñado de acuerdo al oráculo de adivinación sin alterar el educto ni la magia que encierra esta forma de consultar el mundo de los Santeros. La cual les brindo para la enseñanza, para todo aquel que se vista de fe, que quiera aprender las lecturas de los caracoles correctamente tenga la oportunidad de saber de dónde viene y para donde va en sus credos. Que De acuerdo a este legado religioso, mundo lleno de misterios, preguntas que solo la contesta de la enseñanza pudiera llenar el anhelo del alma. Amen y no se rían que la verdad es hija de Dios {Olodumare}.

Pero con las cartas será de gran ayuda, ya que esto abrirá las puertas al conocimiento de este legado religioso de la Santería, sin importar credo, rasa, ni color, ya que aprender es el don divino del cual todo somos al igual universales en la superación. Estas barajas les servirán de guía para los futuros consultantes y {obas} Sacerdotes mayores y Omorishas Santeros.

Es tan así hermanos de la fe Igguoros omorishas, como que me llaman el mago de los caracoles en mis consultas y registro de Santo. Ya que mis {aburres} el contenido es el por educto de mis experiencias como maestro dentro de la Santería, el Palo y el Espiritismo y la enseñanza mata la ignorancia y la igualdad está en la fe y devoción que cada uno de ustedes ponga en aprender el oráculo de adivinación, a través de este método, técnica que abrirá puertas a futuros Santeros y los fieles devotos. {Omorishas Igguoros}.

Lo cual dejo entender que Les habla la voz de la experiencia, que quien hace buen huso en aprender la superación será el espejo de su ser. Incluso, el que llena el anhelo del vació del alma en satisfacción, el que aprende del sabio, la tarea no tiene que repetir. Misael Ochun Alamace, el mago de los caracoles, deseándole que de mis técnicas el por educto sea la semilla de la savia de la vida para ustedes. Ya que aprender es de sabios, porque solo la superación es la clave del éxito y la que mata la ignorancia. Amen y sigamos que ahora es que viene lo bueno de lo que es la religión de la Santería vuelvo a decir.

Amén.

{TABLA DE ENSEÑANZA}
TÉCNICAS DE LECTURAS

Estas notas compaisanas de dichos y refranes, son muy importantes para Omorishas {Santeros} los que consultan con el diloggun {caracoles}. Mas aprender algunos en las técnicas de como se ejecuta en este legado religioso, poco a poco le harán hacer las lecturas más sencilla. Ya que un aprendizaje requiere del factor tiempo para ser testigo de lo que se logra y se extrae de la enseñanza misma que es como conseguimos realizar nuestras metas, tanto en lo físico como en los credos. Ya que la acción de fe unifica el alma con el mundo invisible que es la vía que nos une con Olodumare {Dios} y sus emisarios, los Orishas {Santos}.

Ya que este oráculo a través de los diloggun el {caracoles} en esta religión Yoruba de la Cariocha {Santería}, es muy profundo y extenso por la forma como se debe interpretar. Esta es una de las razones, por lo cual, no todos los Orishas y Santeros lo pueden hacer o lograr por extensión de cada oddu, letra y signo, ya que equivale a lo que el Orissa (Santo) le habla a las persona a través del diloggun los caracoles la boca del Santo y los interprete que somos los Sacerdotes mayores e Italeros y Obas de la religión de la Santería.

En este método de enseñanza, yo les enseñare como extraer los refranes y el derivado de cada uno de ellos a según se interpretan en este legado religioso, que es la religión Yoruba la Santería. En las lecturas de los caracoles, son dieciséis y cada número es una letra (oddu). Ya que por lo general Elleggua puede tener veintiuno caracoles, pero se tiran dieciséis. Las técnicas varían de acuerdo a la letra, oddu y el refrán y si viene por mal {Osogbo} o por bien {Iré} como se puede interpretar correctamente.

Por lo tanto, tal vez les resulte un poco confuso al principio y es de esperar. Ya que estamos hablando de oráculo de adivinación, pronósticos, de la vida de los consultantes, que dependen de los consejos de los {Orishas} santos para regir sus vidas a través de las consultas, que en la Santería se llama registro de Santo {Ita} en la religión del Santoral Yoruba.

Es aquí donde los {Italeros, Obas, Oréate} Sacerdotes mayores con las técnicas uniendo la letra el oddu, el refrán el nacimiento de los Oduu comparamos para interpretar lo que sustraemos dentro de los consultas {registro} de Santo. Algo que como les explico al principio les puede parecer un poco complicado, hasta que ustedes mismos saquen las conclusiones a través de tiempo y la práctica. De la técnica de ser un intérprete del oráculo de adivinación en este legado religioso del Santoral Yoruba.

Ya que todo comienzo tiene finar si dentro de la devoción y la fe están presente, porque en verdad les digo aburres Igguoros omorishas {hermanos}, que no existen los imposibles si se pueden hacer posible.

Mas obviamente reitero que la religión de la santería {cari ocha} tiene muchos misterios de los cuales, una buena enseñanza puede abrir puertas dentro de este legado religioso. Del cual en mis enseñanzas y técnicas y experiencias adquiridas durante tantos años, les puedan servir de gran utilidad a los fieles creyentes de la religión Yoruba. La Cari ocha {la Santería}. Cabori Elerdad cuerpos con cabeza, si lo vamos a ver así en este legado religioso del Santoral Yoruba.

TÉCNICAS Y GUÍAS DE CONSULTAS A TRAVÉS DE LOS CARACOLES

Igguoros, omorishas, {Aburres} lagua lagua, hermanos de la fe hago mención, en estas notas, que dentro del oráculo de adivinación de los caracoles, sea el {diloggun} que yo les estoy explicando las técnicas de las consulta {registro} los oddu números que hablan cuando los caracoles salen para arriba, hablando a través de la letra, en la religión de la santería. Los cuales cada número es un oddu del uno al dieciséis (16) midiloggun, aunque se lean doze. Hasta el doze eyila, no quiere decir que no se puedan interpretar aunque; lo más recomendable seria mandarlo al {Oluwo, el Babalao} el Sacerdote mayor de Ifa por el peligro de ciertas letras oddu que puedan salir.

Primera lección estaría en aprender los oddu, las letras, números para luego empezar, por el proceso de adivinación, sea interpretar el significado de lo que dice cada uno de ellos como se hace en esta religión de la Santería, cual este oráculo tiene tanto que decir y por la faltar del conocimiento, se pierde lo mas principal que es, el verdadero significado correctamente de acuerdo a este legado religioso y la forma exclusiva de su guía de oráculo que es el diloggun. Que para los efectos, viene siendo la baoca del Santo Orissa que da el mensaje en cada letra oddu numero. Ya que en comparación a la numerología y matemáticas tiene sus formulas en esta religión dentro del oráculo de adivinación.

Por eso es ahi donde empiezan los problemas de no saber la realidad de cada letra oddu que pueda salir, para la persona que se está registrando, sea consultando y esto equivale a problemas más adelanten, los cuales pasan muchos fieles creyentes iniciados

{Omorishas} Santeros y seguidores {aleyos} de la religión de la Santería por la faltar del conocimiento y la poca enseñanza, la cual a través del tiempo crea tantas separaciones de mayores y menores dentro del mundo de los sábelo todo que solo crea confusión y desconfianza desuniendo la hermandad dentro religiosa del Santoral Yoruba. Amen

Por lo tanto, la técnica la cual les quiero enseñar, basada en mis experiencias de tantos años dentro de la religión, desde su arribo a esta tierra de los Estados Unidos, dando comienzo en Nueva York, la gran manzana, tierra de Chango en su primera coronación de cari ocha en la religión Yoruba, legado religioso que se ha venido expandiendo día a día por todo el mundo. El eco de los tambores africanos dejan sentir la melodía del repicar en donde día a día suena anunciando otra semilla crecer y crecer para que el fruto de este legado religioso rompa las barredas del tiempo; dejándonos saber que está presente en los fieles creyentes que nos afeáramos a la fe atreves de los Orishas del Santoral Yoruba.

Del cual yo Misael Ochun Alamace {homérica} Santero mayor, les brindo este manual de enseñanza, del cual les puede servir de guía, tanto en sus registros, sea consultas en igual para el conocimiento de ustedes mis {Igguoros} hermanos mis guiarse de su libreta de Ita, ya que aprender un poco mas no ocupa espacio ni su {elerda, eleri} su cabeza no le va a crecer más; al contrario, la sabiduría mata la ignorancia. Hasta de aprender de dónde venimos y para donde vamos.

Espero que no lo tomen como mal, ya que es bueno uno reírse un poco de vez en cuando y para aprender tenemos que empezar alegres. Así que vamos al grano de ser un italero, en las consultas de los caracoles el {diloggun} sea para baba lochas como para iya lochas Santeros y Santeras y como guía a todos los seguidores y fieles creyentes de este legado religioso de la religión Yoruba, la Santería. Tanto con los caracoles, como con las cartas, las cuales le darán un entendimiento simple en igual a las tablas diseñadas para las consultas y registros. Ya que existen personas dentro de la Santería que no pueden utilizar los caracoles por tenerlo prohibido por el Ita de Santo y deben siempre atender los muertos.

Por lo tanto Igguoros, omorishas, todo comienzo requiere fe devoción y un deseo ferviente par cada logro de nuestras metas y anhelos y está en la fe en lograrlo y tal vez un esfuerzo de nuestra parte unido por fe nos ponga al tanto de tantos misterios que tiene esta religión de la Santería. La cual remonta al tiempo vivido donde el eco de los tambores anuncia la llegada cada día de nuevos miembros los cuales bailan al compás del repicar de los tambores africanos.

Por lo tanto Igguoros hermanos omorishas las tablas de continuación que les brindare, en este manual de técnicas autenticas en el manejo del oráculo de adivinación que han venido usando los mayores de de este religión yoruba que forman parte de este legado religioso. Que a través del tiempo el cimiento estructural de este legado religioso estos compuestos de elementos tales como los caracoles {diloggunes} que son la boca de comunicación, los {Otanes} que son piedras en representación del cuerpo de la deidad Orishas y los agües que son las plantas la naturaleza.

Ya que a través de los caracoles, sea el diloggun viene siendo el guía, la vía de comunicación con los {Orishas} los Santos, Deidades de las Siete Potencias Africanas dentro y a través de esta religión del Panteón Yoruba; la cual nos brinda el cimiento de la fe y el seguimiento para tos los fieles creyentes de esta religión de la Santería. Un principio culto religioso que nata de lo trascendental de orígenes africanos de la mitología del Panteón Yoruba. Un concepto religioso, un pasado transformado a un presente, dejando el eco de la armonía religiosa de la religión de la Santería, la cual llego para quedarse.

PRIMERA LECCIÓN EN APRENDER LOS ODDU NUMÉRICOS DEL DILOGGUN

1... **{Ocana Sode}**....por uno se empezó el mundo... habla Agallu Olocun, eleggua los muertos abátala oya

2... **{Eyioco}**... guerras, flechas entre hermanos. Habla Ochosi eleggua, los Ibeyis (gemelos), abátala, Oggun

3... **{Ogunda}**... tragedia sangre... habla eleggua, Oggun Yemaya Obatala Ochosi, Orichaoco, abátala

4... iriso... lo profundo del alma nadie sabe lo que está en el fondo del mar... habla Yemaya Dada Chango Obátala Yewa

5... **Oche**...sangre que corre por las venas Ochun, Eleggua, Oba, Obátala, los muertos Chango

6... **Obara**... rey no miente...una mala lengua salva a un pueblo y una mala lo destruye Chango, Orula, Ochun Obátala, Agallu, Organ

7... **Oldi**... Donde por primara ves se hace el hoyo...traición
El **{pinaldo}** cuchillo... habla Orichaoco Yemaya Oggun, Obátala, San Lázaro, Corincoto

8... **Elleunle**... dos reyes no pueden mandar un pueblo a rey muerto príncipe coronado... habla...Obátala, Ochun, Oba, inle Chango, Organ

9... **Osa**... mejor amigo su peor enemigo... habla, Oya, Agallu, Egun los murtos oba

10... **Ofun**... donde nace la maldición... habla Obátala Ordua, Orula Yegua, San Lázaro, Oshun Oba

11... **Ojuani Chobe**... fracasado por revoltoso... habla eleggua, Yemaya, Obatala, San Lázaro, Asowano, Orula donde Eleggua se hace rey

12... **Eyila Chebora**... candela pura desobediencia... habla Chango, Agallu, Obátala, Yegua, Dada

13... Métanla... donde nace la enfermedad...habla San Lázaro, Yegua, Manu, Nana Burucu Obátala y Yemaya

{NOTA ACLARATORIA}

Dejo saber que cada letras (Oduu) de los caracoles en el oráculo, tiene el bien como el mal {iré y Osogbo} en igual a todo en la vida, ya que existe lo positivo como la negativo iré o Osogbo el bien o el mal. Es por esta razón, que la enseñanza de los oráculos de la adivinación consiste en extraer el mal y el bien para poder interpretar lo que en si habla el {diloggun} los caracoles a través de mensajes de los Orishas.

Es una fase donde la aprendizaje de manejo de estas técnicas de la adivinación en la religión de la Santería requiere, que a través de las técnicas de los refranes, dichos y historias, se puede comparar en nacimiento de Oduu (sea letra) para extraer los resultados en la consultas de los caracoles llamado el diloggun.

LECCIÓN DE LAS TÉCNICAS DE ADIVINACIÓN

Hermanos, siguiéndolas lecturas de aprendizaje en cómo interpretar el oráculo de adivinación en la religión del Santoral Yoruba. Igguoros omorishas {aburres}, la magia de la interpretación esta en combinar el oddu (la letra el refrán) para tener un buen resultado y al principio no es recomendable dar el {ibo} sea el sostén de entrar el bien y el mal {sea iré, Osogbo} hasta no ir aprendiendo la técnica completa. Razón por la cual yo he diseñado estas técnicas con las cartas, lo cual es menos complicado para el aprendizaje de la forma de consulta en esta religión de la Santería.

La cual se usa los caracoles llamados {diloggun}. Principio religioso único de lo que en si es esta religión del Santoral Yoruba. Un santuario de Orishas, Deidades, Dioses, potencias. Las cuales se le hacen reverencias dentro de cultos rituales donde la practicas del oráculo de adivinación; La cual da cabida al comienzo y los pronósticos de los principios de la religión de la Santería en sus cimientos estructurales de su función religiosa.

Ya que para saber extraer los resultados en los registro, sea en las consultas de los caracoles se necesita aprender la segunda lección que es saber en qué mano del consultante esta los ibos que son una piedrita negra y la cascarilla, caracol larguito una cabecita que son los primeros que se dan para saber si viene por mal {Osogbo} o por bien {iré}.cascarilla y la piedrita para abada para saber.

Estas técnicas se basan en combinar dos letras para saber en qué mano esta la OTAN (piedrita) o cascarilla a menos que no sea un Oduu (letra) mayor, lo cuales no se tira dos veces para saber lo resultados. En la tabla que daré a continuación les explicare los Oduu mayores, los Oduu menores y la combinaciones de las dos letras para se puede guiar en este guía de enseñanza de cual he venido siendo por tantos años en la práctica de las técnicas adivinación de oráculos como homérica (Santero, Oba) de la religión de la Santería.

TÉCNICA TABLA DE LA COMBINACIÓN

ODUU Mayores

1 - Ocana

2 - Eyioco

3 - Ogunda

4 - Iroso

8 - Elleunle

10 - Ofun

ODUU números

5 - Oche

6 - Obara

7 - Oldi

9 - Osa

11 - Ojuani Chobe

12 - Eyila Chebora

Metanla

Todos los mellis (doble letras repetidas) son letras mayores que son la mano izquierda en igual a los oddu mayores de esta lista. Las letras menores se piden la mano derecha.

Mano Izquierda

Todos los números dobles 1-1,2-2

1-Ocana

Eyioco (2)

Ogunda (3)

Iroso (4)

Elleunle (8)

Ofun (10)

Obara/Oche (6-5)

Obara/Oddi (6-7)

Obara/Osa (6-9)

Oddi/Oche (7-5)

Mano Derecha

5-1 Oche/Ocana

5-2 Oche/Eyioco

5-3 Oche/Ogunda

5-4 Oche/Ijirosun

5-6 Oche/Obara

5-7 Oche/Oddi

5-8 Oche/Obe

5-9 Oche/Osa

5-10 Oche/Ofun

5-11 Oche/Ojuani Chobe

5-12 Oche/Eyila

5-13 Oche/Métanla

5-14 Oche/Merinla

5-15 Oche/Marunla

5-16 Oche/Meridiloggun

6-1 Obara/Ocana

6-2 Obara/Eyioco

6-3 Obara/Ogunda

6-4 Obara/ Ijirosun

6-8 Obara/Obe

6-10 Obara/Ofun

6-11 Obara/Ojuani Chobe

6-12 Obara/Eyila

6-13 Obara/Métanla

6-14 Obara/Merinla

6-15 Obara/Marunla

6-16 Obara/Meridiloggun

7-1 Oddi/Ocana

7-2 Oddi/Eyioco

7-3 Oddi/Ogunda

7-4 Oddi /Ijirosun

7-6 Oddi /Obara

7-8 Oddi/Obe

7-9 Oddi/Osa

7-10 Oddi/Ofun

7-11 Oddi/Ojuani Chobe

7-12 Oddi/Eyila

7-13 Oddi/Metanla

7-14 Oddi/Merinla

7-15 Oddi/Marunla

7-16 Oddi/Meridiloggun

9-1 Osa/Ocana

9-2 Osa/Eyioco

9-3 Osa/Ogunda

9-4 Osa/Ijirosun

9-6 Osa/Obara

9-7 Osa/Oddi

9-8 Osa/Ejionle

9-10 Osa/Ofun

9-11 Osa/Ojuani Chobe

9-12 Osa/Eyila

9-13 Osa/Metanla

9-14 Osa/Merinla

9-15 Osa/Marunla

9-16 Osa/Meridiloggun

11-1 Ojuani Chobe/Ocana	12-1 Eyila/Ocana
11-2 Ojuani Chobe/Eyioco	12-2 Eyila/Eyioco
11-3 Ojuani Chobe/Ogunda	12-3 Eyila/Ogunda
11-4 Ojuani Chobe/Ijirosun	12-4 Eyila/Ijirosun
11-6 Ojuani Chobe/Obara	12-6 Eyila/Obara
11-7 Ojuani Chobe/Oddi	12-7 Eyila/Oddi
11-8 Ojuani Chobe/Ejionle	12-8 Eyila/Ejionle
11-9 Ojuani Chobe/Osa	12-9 Eyila/Osa
11-10 Ojuani Chobe/Ofun	12-10 Eyila/Ofun
11-12 Ojuani Chobe/Eyila	12-11 Eyila/Ojuani Chobe
11-13 Ojuani Chobe/Metanla	12-13 Eyila/Metanla
11-14 Ojuani Chobe/Merinla	12-14 Eyila/Merinla
11-15 Ojuani Chobe/Marunla	12-15 Eyila/Marunla
11-16 Ojuani Chobe/Meridiloggun	12-16 Eyila/Meridiloggun

IGGUOROS HERMANOS SANTEROS LAGUA LAGUA DEMOS COMIENZO A LAS ENSEÑANZAS

Numero 1 - Ocana:
No Hay Bueno, No Hay Malo

Dice este oddu {letra, signo}, si no hay bueno, no hay malo. Por uno se empezó el mundo. Donde esta letra habla de persona cabeza dura, desorientada y desobediente. Habla de presidio, tragedia y discusión. Por lo tanto, es mejor enmendar que tener que fracasar. Santos que hablan en este oddu (letra) son Agallu, Eshu, Olocun, Elleggua, Egun y Obatala. Para el consultante en consejo Ocana {1} lo pare Ofun {el 10} que Ofun, megua donde habla la maldición los fenómenos enfermedad y problemas al paso precaución con lo que hace que se le puede descubrir

Numero 2 - Eyioco:
Flechas Entre hermanos

Dice este oddu {letra, signo}, flechas entre hermanos, amigo que se separan, discusión y cuidado con la justicia y persecución. No discuta más. Problemas a la puerta. Pues puede ir preso. Tambor de Santo. Habla Ochosi, Oggun, los Ibeyis (gemelos) (Ibeyis), {los Ibeyis} Obatala, Elleggua y Yemaya. Los cuales le aconsejan que es mejor remediar que tener que lamentarse, letra de desacuerdos, flechas entre hermanos, problemas a la puerta, enfermedad Santo esperando tambor y deuda con los Orishas la condena de Ochosi habla los jimaguas no abuse de su suerte consejo.

Numero 3 - Orgunda:
Tragedia y Sangre

Dice este oddu {letra}, tragedia, sangre, disputas y revolución. Apesta a sangre. Evite líos y no levante la mano a alguien, problemas de ulceras, operaciones, líos con la justicia, no cargue armas de fuegos, no le guarde nada a nadie, no pescar en tres ni pararse en las esquinas. Cuidarse de hincadas y tétano, No come pescado pequeño ni ser violento. Ebbo {limpiase} con carne de res y manteca de corojo Así es esta letra. Habla Oggun, Elleggua, Ochosi, Yemaya y Obatala. Los cuales les aconsejan que retirarse a tiempo es de sabios y no de cobardía no sea abusivo la traición del perro al amo cuidado con lo que hace.

Numero 4 - Írosos:
Vista Espiritual

Dice este oddu {letra, signo}, que nadie sabe lo que está en el fondo del mar nada más que Yemaya. Aquí en esta letra, habla lo profundo del alma, el sentimiento y el dolor que causan los disgustos. Vista espiritual. Mucho sufrimiento, interno y pérdida de bienes. No se pare frente a hoyos y cuidarse la vista y dentadura. Habla Olocun, Yemaya, Chango y Obatala. Los cuales les aconsejan que no guarde más rencor con sus mayores, ni reniegue más. Ya que esta letra habla de persona irrespetuosa sufrida rencorosas hasta con los Santos Orishas incrédula hasta de sí misma ya que duda de todo.

Numero 5 - Oche:
Sangre Que Corre Por Las Venas

Dice este oddu {letra, signo} de los diloggun {caracoles}, sangre que corre por las venas, enfermedad, brujería, envidia, celos y maldición en la familia. Nacen altares y espiritualidad. Liberación de la esclavitud. Debe ir al médico, enfermedad de la sangre y problemas estomacales. Aquí habla Ochun la Virgen de la Caridad del Cobre, Elleggua,

Obatala y los muertos. Los cuales le aconsejan de hacer misa espiritual a un ser familiar muerto ya que dice Oche que existe una confabulación en su contra de algo que usted cree que se termino; pero dice Ochun la Caridad del Cobre que quiera los Santos y los Espíritus.

Numero 6 - Obara:
La Mala Lengua

Dice esta letra {Oduu} de los diloggun el {caracoles}, que de la mentira nace la verdad y que el Rey no miente. Se manifiesta Chango donde el que sabe, no muere como el que no sabe. El {signo} son las indecisiones y las lenguas malas, inconformidad y comida agria. Habla Chango, Ochun y Orula, Obatala y Agallu. Los cuales le dice que siempre cargue la verdad en su lengua y que no cambie le bien por el mal no permita a nadie en su casa ni se crea que todo lo sabe. Ya que este oddu la ruleta de la fortuna le puede dar un golpe de suerte. Por lo tanto, haga ebbo limpias de plantas fresca, ya que el fuego esta presente Ychango es su defensor.

Numero 7 - Oddi:
Traición En Camino

Dice este {letra, signo} en el diloggun {el caracol}, donde se hizo el hoyo por primera vez por la traición. Porque el que asa dos lechones a la misma vez, siempre se le quema uno y en tres sobra uno. Por lo tanto, advierte de traición y engaño. Pero como así están las cosas de moda, cada cual allá con lo suyo. Aquí se le da de comer a la tierra, se recibe pinaldo {cuchillo} de Oggun. Habla Yemaya, Oggun, Obatala, Orichaoco y San Lázaro. Los cuales le dicen que nadie es más grande que nadie y la tracción puede venir de donde menos se lo espera," refrésquese la cabeza por siete días con plantas frescas.

Numero 8 - Elleunle:
Al Rey Muerto, Príncipe Coronado

Dice este {letra} del diloggun {el caracol}, el de la cabeza donde a rey muerto, príncipe coronado. Así es la vida, muerto al hoyo y vivo al cogollo. Porque la cabeza no solo se hizo para peinarse, dice Obatala. Amigo inseparable que se separan. Tenga cuenta que no lo quiera destronar, enemigo al lado. Aquí fue que a INLE lo quisieron destronar y viral su pueblo en contra enemigos gratuitos por envidia, ojo al gato si tiene ratón en la casa. No puede matar ratones. Letra de cabeza si la sabe usar. Habla Obatala, Ochun, Oba e INLE. De los cuales le dicen que usted nació para cabeza y no para rabo, ya que dos reyes no pueden gobernar un solo pueblo juntos. A rey muerto príncipe coronado Santo en la puerta

Numero 9 - Osa:
Mejor Amigo, Su Peor Enemigo

En este del diloggun el {caracol}, dice que su mejor amigo es su peor enemigo. Cría cuervos para que te saquen los ojos y saca tigres del hoyo para que luego te quieran comer. Enemigos gratuitos, mal agradecidos y favores que no se agradecen. Letra de grandes maestros espirituales videntes. Pero como fefe {el viento}, dice Oya, no se sabe de dónde viene. A veces uno cae en las redes de los enemigo y cuando el gato no está en la casa, el ratón hace lo que quiere. Persona que le gusta discutir y renegar. Habla Oya, Agallu, Obatala, Yemaya, Egun y los muertos. Dándole sus consejos, persona espiritista de nacimiento habla el Palo Monte.

Numero 10 - Ofun:
Donde Nace La Maldición

Este oddu (signo, letra) del diloggun {caracol}, dice donde nace la maldición casi siempre, que sale esta letra, habla de muerto oscuro que perturba a la persona, arrastre, desvelo, ver sombras, enfermedades, fenómenos brujería, maldiciones y muerte. Por lo tanto, no se debe dormir a lo oscuro y tener mucha cuenta en la oscuridad. Aquí habla Obatala, Orula, San Lázaro, Ochun. Orula y Oya. Letra de fenómenos enfermedades paralización desvelos maldición de familia persona enferma la muerte parada en su casa no duerme bien sombras espíritu malo contrariedades deseo de la muerte marcas en el cuerpo no guarde nada viejo vote todo lo que no sirve baño de Ofun vestir de blanco baño de quita maldición

Numero 11 - Ojuani Chobe:
Fracasado Por Revoltoso

Dice esta letra del diloggun los {caracoles}, que sacar agua con canasta rota, es mala agradecimiento en la vida. Por otro lado, fracasado por revoltoso y si quiere dar golpes tenga mucha cuenta. Ya que la guapearía y el mal agradecimiento y la rebeldía le pueden traer grandes tropiezos y es de esperar, ya que el mal genio y maldecir, no conlleva a nada en la vida. Por eso dice jun., jun., quiere decir fracaso y ruinas y el que todo lo pierde. Habla Eshu, Elleggua Yemaya, Chango, Obatala, Oya y los muertos. Donde le dan de advertencia que si tiene deseo de darle de golpe a alguien, tenga mucha cuenta, ya que puede ir preso por lo que piensa hacer

Numero 12 - Eyila
Candela Y Fracaso

Dice esta letra de los caracoles el {diloggun}, donde Chango Santa Bárbara Bendita habla y Agallu, signo, que son de guerra, donde el soldado no duerme y al sonar la trompeta, el soldado está de pie para que no lo acojan desprovisto ya que el que sabe no muere como el que no sabe. Este signo dice que la candela esta sobre uno y no lo ve muchas beses y al que le salga {eyila chebora}, está más caliente que el fondo de la oya. Hermano Chango en si es candela pura. Rompimiento, desacuerdo, tropiezo, pelea, perdida por cabeza dura. Oiga consejo y vístase de blanco haber si calma esta letra echar un carbón prendido en omiero y bailar alrededor. Habla Chango, Oya, Obatala y Elleggua Agallu dada y oya.

Numero 13 - Métanla
Enfermedad / Paralización

Dice este de los caracoles {el diloggun} En este, se manifiesta San Lázaro donde nace la enfermedad. Por lo tanto, la persona que se mira o esta o estará enfermo y es menester ir al médico. Además, cuidarse la sangre, las enfermedades venéreas, los granos y lepras. Habla de algo sobrenatural que se quiere llevar al consultante. Aquí habla San Lázaro,

Orula, Yemaya y Obatala. Es preciso a través del tiempo, recibir San Lázaro y ir donde Orula para proseguir con este registro ya que maraca peligro de muerte y tragedia en el camino del que se consulta. Ebbo limpias con babaluaye san Lázaro con cundeamor y minies tras y vino seco.

Numero 14 - Merinla

En esta letra, habla de disgusto y desacuerdos familiares, tropiezos, envidia, malos entendido, faltas mayores, de respeto y todo lo malo. Por lo tanto, recapacitar e ir a Orula o alguien que lo atienda. Habla de un pasado turbio de descomposición de lo interno y paralización de astros en la vida del consultante, limpieza para su salvación. Aquí habla Olocun a la cual debe recibir, Obatala, Yemaya, Elleggua y Eshu Orula. Lo cual la soberbia no nos conduce a nada bueno en la vida, ya que habla de parálisis disgusto internos fracasos tras fracasos. El cual debe hacer ebbo para su salvación

Numero 15 - Marunla
Paralización De Astros

Esta letra habla de paralización de astro y física la parálisis convertirse en un inútil. Contaminación de la sangre. Por eso en estos signo, si no se tiene el conocimiento para interpretar y hacer los eboses, es mejor mandarlo a los Oluo Babalaos, ya que ciertas letras () ellos saben lo que hacen y también el Tata Mayombero, sin quitarle el don. Pero si es en la religión de la santería lo más preferible es mandarlo a Orula para que le haga un paraldo y le espante la muerte, la cual marca este oddu de los caracoles el diloggun ya que aunque se le dejan al Oluo babalao pueden salir en Ita consultas y el conocimiento es de vital importancia el saberlos interpretar al salir.

Numero 16 - Midiloggun:
Cabeza Mayor Oluo

Este signo midiloggun, es donde habla de los sabios y ser obedientes a los consejo hace que a través del tiempo pase para Ifa ser un Babalao Oluo. Por eso el hombre sabio es el que se nutre de sabiduría. Para ser gobernante y dirigente de otros, pues es aquí que la cabeza y la inteligencia se superan para dirigir los destinos de otros seres en la faz de la tierra en donde nace la tierra de ifa el dios de la adivinación a través del tablero de Orula interprete de las destinos, lo cual este oddu marca el camino siempre y cuando la cabeza no se pierda por la desobediencia. Ya que la sabiduría del Sabio es saber lo conveniente para proseguir su vida. Amen ache oluwo Babalaos mi respeto Ochun Alamace

{NOTA: Aclaratoria}

Los que pasan de Eyila número 12, traen peligro. Es de suma importancia que si la persona no tiene el conocimiento necesario, es mejor que el Babalao los interprete. Por eso este método de enseñanza, es hasta Eyila que es el doce (12) sea del uno al doce. Mis consejos son de suma importancia y la superación es la clave del éxito y la inteligencia hace al sabio cuando sus metas son completas en su vida sin alterarlas.

También dejo bien claro que los misma caracoles del santo el {diloggun} tiene dieciseis letras porque si lo vamos a ver cuando habla Eyecun que todos los caracoles caen boca abajo es otra letra que yo mismo le digo a correr se ha dicho. Ya que marca muerte de repente o por tragedia y no se debe dejar para mañana lo que se puede hacer hoy y mas sabe el diablo por viejo que por diablo y a espantar la mula se ha dicho mis aburres (hermanos).Omorishas. Lagua lagua

El Oráculo De Los Caracoles
El Diloggun

Bien mis Igguoros hermanos homérica digamos amen, que aquí es donde comienza lo bueno de este arte de interpretar los significado de cada oddu letra en orden numérica en sus combinaciones de los caracoles, a través del oráculo de adivinación. Ya que cada combinación puede variar de acuerdo a la letra, lo cual hace de este arte de interpretación algo fascinante. Ya que se asimila como la misma matemática numérica, con formulas y resultados, la cual nada del comienzo astral de adivinos magos que a través de predicciones guiaban sus pueblos en sus caminos.

Lo mismo que la religión del Santoral Yoruba, que a través de los diloggunes, los caracoles de los Orishas se guiaban dentro de sus principios religiosos de sus cultos. Una ciencia religiosa, que va más allá de la tierra. Ya que bajo sus creencias, sus reverencias a dioses, astros planetas, la naturaleza deidades Orishas implementaban la fe de sus creencias.

Es tan así, que la historia y leyendas de lo que son los oráculos de adivinación nos une al pasado para poder vivir el presente, si de conquistar la sabiduría de interpretación de este arte de consultar, el cual encierra la magia de este legado religioso. Aun mas, es por esta razón, que basado en mis experiencias vida dentro de esta religión siempre conserve la magia de cómo con mis técnicas y mañas y aprendiendo de los sabios superándome como Sacerdote Yoruba he hecho conquista de este mundo religioso del cal quiero compartir mis experiencias con ustedes mis hermanos omorishas y todos los fieles creyentes de este legado religioso del Santoral Yoruba digamos Amen Aleluya y sigamos con las lecciones. No se rían

ODUU LETRAS DE LOS CARACOLES OCANA SORDE NO. 1

Por uno se empezó el mundo
Ocana SORDE sortigue sodiomsoldigue
Batiosoldi aricu babaggua

En esta letra habla Eleggua, Chango y Agallu Olocun y Los muertos y dice este, para la persona que se está registrando, que por su mala cabeza y no oír consejos, usted está pasando tantos agobios en la vida. Habla de persona que maldiciente y rebelde de mal genio. Que le gusta hacer las cosas mal hechas y andar en caminos turbios y todo se le puede descubrir todas sus fechorías. Esta letra habla de muerte o enfermedad en su familia o usted mismo. Incluso, de su vida se quiere morir y se desea la muerte, porque las cosas le salen mal y tenga en cuenta que no se le descubra un secreto y hasta pueda ir preso en un surtamente de segundos sino pone su cabeza en su sitio.

Esta habla que la justicia le puede dar una sorpresa e ir hasta presa. Aquí dice que la persona no debe húsar arma de fuego y que si no recapacita en su modo de actuar y no deja las discusiones y el mal genio, todo le será de fracaso en el fracaso, habla de persona que no cree mucho y su salvación esta en el Santo, que es el milagro de su vida para poder salir de tantos aprietos. Esta habla de Persona que le falta a los mayores, por eso le tiene, Odio y hasta le desean mal. Habla de persona que Abusa hasta de los animales y desconfía, hasta en su propia sombra y pelea con su ángel guardián.

Le debe una misa a un difunto familiar y sus atrasos son grandes En todo, se puede quemar, ya que el fuego lo puede marcar su cuerpo por el resto de la vida. Esta letra le advierte a la persona de peligro por lo tanto mirar bien en su camino que no le tienda una trampa. Ya que la gente lo maldice. Aquí también, habla de apariciones de fenómenos que se le pueden aparecer y les dice que atienda sus espíritus y se deje guiar por los santos para que terminen sus males y la suerte lo acompañe se tiene que rogar la cabeza y báñese con plantas de santos y déjese de creer que todo lo sabe en la vida.

OCANA MELLI No. 1-1
Mayugbba Rezos
Ocana soldi sortigue sodiomsoldigue
Batiosoldi aricu babaggua

Oduu 1-1 el mundo se empezó por uno que nace de Ofun mafun que Ofun, el {diez} donde nace la maldición paralización de astro y muerte fenómenos muerto parado persona enferma o en la casa o en el hospital letra de los desvelos marcas en el cuerpo

Dice esta letra () doble, ocana SORDE que usted no debe guardar nada de nadie y que usted tiene mala suerte en su vida. Dice que usted sea consiente con sus semejantes, parientes y señora. Y semejantes y evitar las discusiones a como dé lugar. De los caracoles caliente por sí solo, peligro a la puerta tragedia por discusión, presidio, pleito con la justicia

Dice que tenga en cuenta y evite levantar su mano a una a persona que usted le tiene ganas, habla de enemigos que desean lo Zullo ya que el odio y la envidia y los malos ojos están sobre el consultante que se está registrando porque puede ir preso.

Dice este oddu que no sea violento y guapo para evitar problemas con la justicia. Dice que si piensa viajar, no lo haga en este tiempo. Usted tiene que tener cuidado con accidentes. Dice que evite disgustarse tanto pues le puede sobrevenir un infarto y quedar paralizado en una silla de rueda. Dice que su mal genio le trae contrariedades. Atienda sus santos y muertos y no sea tan desconfiado e incrédulo.

Por lo tanto al salir ocana se halan las orejas al salir esta letra este habla de mucho atraso con la persona y a punto de perderlo todo y lo que usted está haciendo malo de seguro se lo descubrirán letra de un bochorno y hasta de ir preso si no recapacita a tiempo.

Esta letra del diloggun numero uno habla hasta de perdidas familiares disgustos tropiezos. Por lo tanto evite los vicios y tener cuenta donde se mete, pues le puede costar la vida, ya que lo pueden estar velando y para matarlo. Coja consejo, deje la desobediencia y hágale caso al consejo que se le den de mayores

Esta letra de los caracoles habla de una persona que se cree saberlo todo discutir hasta el morir, ya que nunca le gusta perder en nada y esto es lo que le causa tanto tropiezos en la vida por esa manera tan desordenada de su conducta

Habla Agallu, Elleggua y Los Muertos de los cuales les advierten de peligros dentro de su vida por la forma desordenada en como usted haces las cosas. Evite pleitos amorosos no amenace a nadie, ya que la justicia esta a sus espaldas y para evitarlo tiene que hacer ebbo: limpia rogarse la cabeza y evitar vicios callejeros de los cual usted puede salir bien perjudicado, si no recapacita a tiempo.

Evite guardar nada de nadie en su casa, ya que es preferible perder un amigo que hasta perder la vida, por no coger consejos. No abuse de nadie ni de los animales y si tiene perros no abuce de ellos.

Cuando le sale Ocana SORDE que usted no debe ir a velorios, ni guardar nada de muertos, ya que no se debe vestir de negro. Ya que en este signo de los caracoles {diloggun}. Dice este que siempre usted está pensando de todo mal. Por lo tanto evite ser curioso atrevido, ya que una mala sombra del más allá se lo quiere llevar para la tierra de los calvos si sigue actuando con su comportamiento erróneo

Dice este oddu ocana Sode que evite tener nada de muerto ni huesos ni recuerdos por el peligro de este de ocana Sode. Evite vestir igual a nadie no sea que lo cofundan y hasta lo quieran matar. Dice este oddu que sus sueños son malos por lo tanto ruéguese la cabeza Cabori Elerdad y sea obediente para que todo le cambie. No reniegue atienda los santos los muertos, recibir Olocun y Agallu. Santos que hablan eleggua Agallu chango Oggun los muertos obatala.

CANA/EYIOCO No. 1-2
(Guerras, Desacuerdos)

Dice este oddu, que se debe mudar de donde usted vive para evitar un lió con la justicia. De acuerdo a esta letra, tiene persecución de justicia y le están pisando el rabo. Dice que no reniegue tanto, ya que a usted le gusta maldecir mucho. Dice que usted no le digas sus cosas a nadie, ni diga para dónde vas o de donde viene. Déjese de querer decir que lo sabe todo para evitar disgusto con sus parientes, amistades y con todo el mundo.

Ya que esta letra también habla de guerras de hermanos y del bien y del mal {iré y Osogbo}. Déjese de ser porfiado en su vida. Recapacite en su modo de ser. Alguien está enfermo en su familia. Debe hacerle un tambor al santo. Usted es muy dichoso, pero está pasando momentos agrios. Lo que usted inpiesa tiene que terminarlo. No use armas de fuego y no discuta ni se altere con la policía aunque tenga la razón pues puede ir preso.

Habla Ochosi, Elleggua, los jimaguas Abátala y Agallu. Olocun los muertos {eggun}. Por lo tanto recapacitar a tiempo es ventajoso, ya que esta letra le advierte de persecución de justicia y líos en el camino. Por lo tanto no se debe meter en líos ajenos, ni entre peleas. Ya que lo pueden herir a usted dentro de la guerra la cual usted vive. Sea obediente coja consejo haga ebbo límpiese con plantas frescas lo espera el santo o el presidio, decida".

Además la letra ocana Eyioco que usted es su enemigo propio, no se vista igual a nadie pues lo pueden confundir con otro y hasta buscarse la muerte. Por lo tanto busque la manera de hacer santo o ebbo para limpiar su camino que le puede dar una salpresa y caer preso por largo tiempo. Santos que hablan, elleggua, Agallu, Egun, abátala Olocun Ochosi los ibellis. Lo cual en el santo esta su salvación, tambor de santo

OCANA/OGUNDA No. 1-3
Sangre Tragedia

Evite hacer actos impropios No guarde nada de nadie. Tenga cuidado con dolores de espalda. Dice que sus pensamientos son malos. Dice que usted no haga justicia con sus manos. Dice que no sea vengativo. No salga a pescar con tres personas ni se pare en las esquinas con tres y ni haga sociedades con tres personas. No maltrate a su compañera y ni maldiga ni permita que lo hagan en so hogar. Evite las bebidas alcohólicos. Evite los vicios. Evite hincadas, ni coma pescado pequeño, ni boniato, ni gallo y no ande descalzo. Habla Oggun, Elleggua y Ochosi Yemaya.

Esta letra habla de infecciones tétano, enfermedades veneráis, por lo tanto no se corte las unas de noche de noche, ni se tire descalzo de la cama, por las infecciones de esta letra. Por lo cual la persona tiene que dejar el mal genio a un lado, y si tiene alguna mala intención de herir a alguien, tenga cuenta que no vaya a ir preso. No debe tener armas de fuego, ni cortantes, pues en un mal momento las puede usar. También habla de ulceras y males de el estomago y de operaciones.

Por lo tanto se debe hacer {ebbo} limpia con carne de res y manteca de corojo. Santos que hablan Elleggua, Oggun. Ochosi, Yemaya. Igguoros de este oddu se desprende de sangre tragedias accidentes problemas peleas mal genio persona de mal carácter violento con los demás renegado abusivo lo cual si no recapacita puede ir hasta preso y hasta parar en la muerte no maltrate los perros ni a sus semejantes atienda los santos para que pueda triunfar en la vida

Habla Oggun eleggua Ochosi Yemaya los muertos Agallu obatala

Desilusiones Ocana Ejiroso No. 1-4

Recibir Osun de extensión corona a eleggua recibir dada Olocun.

Usted tiene una marga en su cuerpo lunar que lo identifica de nacimiento. Tiene que cuidarse de la vista. Tiene que cuidarse del fuego y la electricidad. No viaje sin antes preguntar a sus santos. Tiene que tener cuenta con papales que firme. Trampa por una herencia. Evite ser violento en su vida. Letras de desengaños amorosos. No guarde rencor en su vida. Cuídese del celebro desequilibrio mental. Cuídese del estomago de ulceras. Evite decir que usted sabe. Póngale una corona a Elleggua. Tiene que recibir Olocun. Tiene que hacerle Santo a su hijo mayor.

Esta letra ocana iriso es letra de disgustos familiares por trampas por papeles y sentimiento con sus mayores, no se debe hacer hoyos ni asomarse de alturas para evitar accidentes, aquí no se debe tener rencor dentro del alma, ya que esta letra habla de vació interno por lo vivido dentro de la vida. Aquí habla dada Yemaya chango abátala, Orishas que marcan lo profundo del alma. Cuidarse la vista y la dentadura. Herencia en su camino no guarde rencor con sus semejantes.

Por lo tanto esta letra de ocana iroso represente lo más profundo del alma rencor tropiezos brujería envidia desvelos quererse morir por lo tanto se tiene que evitar vicios

Habla de pérdida de trabajo, de cosa. Ya que toda lo puede tener y de un momento perderlo todo. Operaciones, males internos, tumores, locuras. Persona que no piensa que parte por la primera sin pensar en las consecuencias. Por lo tanto todo está en recapacitar enmendando la vida y olvidar lo pasado para vivir el presente.

Santos que hablan, Yemaya, chango, dada, eleggua, obatala.

OCANA/OCHE No. 1-5
Mano Sangre Envidia

Dice este oddu, que usted padece del vientre. Tiene que hacerse santo para que cambie su suerte. Tiene que hacerle misa a familiar muerto. Tiene que baldear despojar su hogar. Tiene que hacerse eboses y limpiase con una calabaza O rogarse la cabeza. Tiene que darle gracia a Ochun la Caridad del Cobre. Tiene que tener mucha cuenta con quien se atiende. Usted es una persona nerviosa. No guarde nada de nadie. A usted le tienen mucha envida.

Más Aun problema con alguien que usted cree término no es así. Dice que si tubo operación. No haga disparate y debe cuidar de bañarse en el río. No envidie a nadie, ni se desee mal, ni diga que no tiene nada, dese a valer. Usted tiene familia de sangre o santo que la envidia. Usted le hacen brujería, pero dice Ochun, que no se apure. Que ella lo protege de todo mal.

Esta letra en los caracoles le pronostica problemas estomacales infecciones de la sangre enfermedades internas debe ir al médico para un chequeo y si se hombre cuidarse de enfermedades veneráis y si es mujer del lo vaginales sea quiste fibromas. También habla de brujerías que le hacen a usted cuidado donde come y lo que toma, tiene que hacerle misa a los muertos y no le debe faltar un altar en su casa. Santos que hablan Elleggua ochun abátala {eggun} los muertos

Por lo tanto dice este oddu letra que usted está pasando males momentos calambres de las piernas desvelos dolores de cabeza contrariedades tiene que hacer misa espiritual a un muerto tener altar bóveda y hacer misas y atender a ochun y eleggua para poder prosperar ya que a usted le tienen odio y envidia.

OCANA/OBARA No. 1-6
Rey No Miente

Dice que no hable mentiras. No viaje en estos tiempos.

Usted debe ser franca y con la verdad. No llore miseria ni se lamente tanto. Usted tiene que tener cuenta con la candela cuando lo invite algún lugar. Tenga cuenta traición con sabiduría y mucha prudencia tendrá su porvenir. Tenga cuenta con los rayos y electricidad. Usted siempre se quiere salir con la suya. Usted no debe porfiar tanto. No le diga sus cosas a nadie. Respete a Ochun la Caridad del Cobre. Si tiene hecho Chango, póngale un caballo y calabaza no le deben faltar en su hogar.

Vístase de blanco por un tiempo. Usted es muy comerciante en sentido general. No haga nada de gratis todo lo tiene que cobrar. Ya que nadie le agradecerá de lo que usted haga. A usted lo envidian aunque no tenga nada. Por lo tanto tiene que limpiarse con una lengua de res y un golpe de suerte le puede tocar la puerta de su casa. Nunca diga que sabe. Cuidarse de la candela y no salir cuando este lloviendo. Póngale {ámala ila} harina con Guingánbo a chango. No coma carne a la parilla, ni frijoles colorados, ni vista de rojo. Santos que hablan chango Orula abátala y ochun Agallu. Eleggua

Por lo tanto de este oddu se desprende la candela la desobediencia el sábelo todo que no quiere perder en nada y la discusión y la desobediencia les puede traer mala consecuencias en un futuro. Ya que este oddu de ocana Bara el que sabe no muere como el que no sabe y en son de guerra el soldado no duerme y es mejor remediar que tener que lamentar consejo de chango y de Orula

OCANA/OLDI No. 1-7
Hoyo

Dice Yemaya que es su madre. Dice que está enferma y si no hace algo con Yemaya no se compondrá. Dice que su mama está enferma. Dice que siempre haga bien en su vida, que el mal lo pague con bien y se lo entregue a Yemaya. Tenga cuidado que no la aprendan. Usted tiene que hacerse Santo para su salvación si no lo tiene hecho.

Dice que no averigüe chismes. Dice que no sea averiguado.

Dice que usted padece de insomnio. Dice Usted nació para ser Santera o Santero. No les falte a los mayores. No juegue con dos persona alavés. No levante peso. Usted siempre cree que la engañan pero se engaña usted misma. Ocana/Oldi es el día. Ocana/Oldi es la tierra y el cielo, la claridad y la traición el hoyo mismo de la tierra

Este oddu habla de traición y por ningún motivo se debe tener dos personas en amores, pues se le descubren los amoríos tarde o temprano. Signo de tragedia, de líos de desobediencia y desacuerdos. No se debe tener perro en la casa, ni maltraerlos ni abusar de la compañera, ni maltratar los niños, ni hablar cosa privadas delante de ellos. Ya que aquí hasta las paredes tienen oídos y es mejor remediar que tener que pasar por los disgusto. Por lo tanto tiene que limpiarse y ragarse la cabeza no haga nada de vicios. Ocana/Oldi es el hoyo. Habla Yemaya, Orgun, Orichaoco y Obatala INLE san Lázaro, eleggua.

OCANA/ELLEUNLE No. 1-8
Cabeza Descarrilada

Dice que usted no se burle de nadie inválido. Dice que usted debe vestir de blanco. No permita que le vengan a llorar miseria. No debe tomar bebidas alcohólicas para quo n pierda la cabeza ya que este signo letra son de persona celebrar. Por lo tanto tiene que tener mucha paciencia. Tiene que respetar los mayores. Tiene que atender el santo y el muerto.

Usted recupera algunos bienes perdido dice Obatala. Usted es muy criticada por la gente. A usted no le agradece los favores. Enemigos que le quieren viral su pueblo en contra tenga cuidado que a rey muerto principie coronado.

Por lo tanto es donde al rey lo quieren destronar, por tanto tenga mucha cuenta, pues a rey muerto príncipe coronado y es aquí donde nacen las cabezas y usted nació para cabeza no para rabo. Quiera mucho a abátala y sobre todo vista de blanco lo mas que pueda y no se moje con agua de lluvia.

Usted Tendrá un pueblo pare se lo van a virar en contra no coma nada de adentro de los animales, ni cosas granosas, ni Mani, préndale una vela a uno de sus mayores para un desenvolvimiento que necesita

Habla Obatala, Agallu, Ochun y Chango los cuales les aconsejan a los hijos de este signo letra de Ita. Que recapacitar a tiempo es vencer los obstáculos. Por lo tanto si se encuentra en aprieto enferma desdichada haga ebbo y atienda los muertos haga misas encienda su bóveda espiritual, atienda los muertos y su instinto, no lo defraudara tanto, ya que los consejos de los santos son su salvación.

OCANA/OSA No. 1-9
Enemigos Gratuitos

Dice este oddu de los caracoles {el diloggun} Tracción, falsedad y revolución. Aquí habla Olla la Virgen de la Candelaria, Agallu, San Cristóbal, los espíritus y Ordua. Dice Ocana/Osa que su mejor amigo es su peor enemigo. Habla de brujería, envida, tropiezo y por fin enemigos ocultos y traición. Dice que la gente tiene dos caras con usted aunque le haga mil favores y quiera ser la mejor persona.

Dice que usted es despreciada en las cosas del amor pero también por el mal genio. Dice que las cosas son como el viento que no se sabe de dónde viene. Cuídese de denuncia, guerras de brujería, aunque usted nació para brujear y ser espiritista. Pero dice un dicho que No hay peor palo que el de la misma astilla. Disgusto familiar, tal vez la crió otra familia. Muchos tropiezo en su niñez y fracasos.

Dice que usted es muy porfiada y por eso le salen las cosas mal. Tiene que cuidarse de agitaciones y del corazón. Ocana/Osa es traición, falsedad, disgusto y amigo que mata amigo. Por lo tanto, ya no discuta mas del asunto usted tiene un enemigo que quiere terminar con usted por algo del pasado. Mulata rojiza, U hombre medio colorado, que usted cree que termino y no ser así usted se debe cuidar de los vientos y de los nervios. Ya que tiene muchas perturbaciones encima causada por sus tropiezos, e indecisiones atienda los muertos espíritus, ya que nació para espiritista cuidarse de la presión y tomar en cuenta que su mejor amigo pudiere ser su peor enemigo ya que en este oduu,"El tigre que uno saca del oyó a la larga se quiere comer a uno. Deje de discutir mas, "ya que las guerras no se ganan con violencias y nadie sabe del enemigo hasta que no comparte con él "y por más que el carnero le dé a la piedra nunca la va desbaratar

Santos que hablan Agallu, oya, eleggua, yegua, obatala, los muertos

OCANA/FUN No. 1-10
{Maldición Paralización}

En este signo de los caracoles el consultante debe evitar líos de toda índole. Evite tener problemas con los hijos de megua. Hijos de abátala. Traten de no hacer cosas malas y actos impropios vicios. A

Usted". Le han echado maldiciones y brujería y la muerte esta recostada en su casa y le pueden salir hijos enfermos. Usted No duerme de noche bien por los insomnios. Esta letra de los caracoles el {diloggun} habla de perdidas y no se sabe de dónde viene ya que esta letra se dé fenómeno.

Por lo tanto aquí hablan los fenómenos, muertas oscuros. Alguien se fuga de su casa problemas por fenómenos y enfermedades. Esta letra habla de camino troncado, perdidas, tropiezos y maldad. Cuídese del celebro, dolores de cabeza. No duerma a lo escuro. Dolores de los huesos insomnio.

Esta letra oddu de los caracoles {el diloggun} ocana Ofun. Habla de muerto oscuro de los fenómenos, ya que aquí nacen las maldiciones y hasta la muerte por lo tanto al consultante, si es santero y tiene la letra de Ofun se le recomienda el baño de Ofun, que se darle de comer a la muerte que no es muy recomendable o un paraldo, con un oluwo babalao. Ya que {Icu} la muerte no juega con nadie a la hora de llevarse a nadie. Baños de leche de cabra y rogación de la cabeza es recomendable y vestir de blanca y hacerse santo para quitarse la maldición si tiene persona en el hospital una muñeca pasársela por el cuerpo y botarla fuera del hospital rogarle la cabeza. Ya que en este oddu dice que la muerte está sentada en su casa habla de insomnio y sombras en el hogar del consultante además de desvelos tropiezos muchas dificultades y tropiezos en la vida ya que en este signo del caracol nació la maldición

Santos que hablan, obatala, Orula, babaluaye, yegua, eleggua, Agallu ochun

OCANA/Ojuani CHOBE No. 1-11
{Tragedias Pleitos Perdidas}

Dice este de los caracoles el {diloggun} que no se puede seguir sacando agua con canasta rota. Que evite las confrontaciones, e peligro, tropiezo y fracasos y su mal genio ya que su carácter es muy violento. Usted es muy desobediente y puede ir preso. Usted está enfermo y la única salvación es hacer ebbo con San Lázaro y recibir a Elleggua y no renegar tanto no maltratar a nadie. Dice este signo que evite la tragedia. Que usted se trae entre mano, Pues el perjudicado será usted.

Dice esta letra en los caracoles el {diloggun} su propio ángel guardia, le tiene la espalda virada y también Elleggua. Déjese de hacer cosas malas para evitar ser contagiado. Aquí habla de disgusto de tragedias. Dice ocana Ojuani Chobe que, Si usted sigue así va a parar mal hasta en un presidio. Evite vicios y actos malos y recapacite, ya que esta letra no juega habla de ruinas y pérdidas. Habla Elleggua, Yemaya, San Lázaro y Chango.

Ebbo con un jamo, O darle de comer a la ruina, O {ajiaco} sancocho con cabeza de cerdo al muerto y sacar la persona del monte sin mirar atrás

OCANA/EYILA No. 1-12
{Fuego}

La candela es poco para lo que dice Ocana/eyila en este de los caracoles {el diloggun}. Esto habla de tragedia, guerras, revoluciones, enredos y trampas. Dice que se haga algo con Obatala para calmar todo este fuego, que tiene encima ocana eyila dice de cuidarse de caída y accidentes. No guarde nada de nadie. No amenace y no discuta. Este signo si viene con Osogbo (mal), es fracaso y destrucción. Si viene con Iré termino los malos. Aquí habla Chango y Agallu y tiene que coger consejos y dejarse de renegar tanto y atender el santo

No debe hacer viajes por a hará y se debe mudar de donde vive no debe maltratar a su compañera, ni los miembros de su familia, ni ser cruel con los animales y respetar los mayores. Ya que esta letra oddu de los caracoles {el diloggun} Dice que usted está caliente con chango y Agallu y si no cambia va a parar a un presidio, o en una tragedia y se tiene que cuidarse de fuego, ya que chango lo va a marcar, si no lo ha hecho ya. Tiene que limpiarse con plantas y vestir de blanco para que las cosas cambien en su vida santos que hablan Chango, Dada, Agallu, Oya, Obatala y San Lázaro eleggua.

Ocana Métanla No. 1-13
Tragedia Enfermedades

Al hacerles mención de este oddu de los caracoles {el diloggun} es donde nacen las enfermedades mortales. Epidemias granos ulceras trastorno estomacales y hasta la paralización de quedar inútil.

Letra en donde se manifieste a san Lázaro. Por lo tanto es letra de tener mucha precaución. Visitar el médico después del registro y con frecuencia, ya que ocana métanla la persona que se está consultando puede estar enferma. Ya que de este ordun se desprenden las lepras granos y las demás enfermedades hasta las veneráis.

Santos que hablan san Lázaro Yemaya ochun obatala Orula yegua eleggua

Eyioco...2
Guerra Entre hermanos
Mayugbba Orun Rezos
Temite temitiche, mani guoloco
Tenura temitiche meni guooloco

Al referirme a esta letra de los caracoles Eyioco se desprende de ella la desunión, ya que dice guerra entre hermanos, pleitos familiares, desacuerdos diluciones, pelea contantes. Desorden dentro del hogar por desacuerdos. letra Eyioco donde es de tener cuenta con los niños y las maldiciones en el hogar, ya que el santo es la solución donde suena el tambor y fiesta a los ibellis los jimaguas

Ya que al salir este oddu letra habla de una persona irrespetuosa maldiciente renegada hasta con sí mismo por el mal genio y la forma de conducta desordenada de maldecir. Porfiar hasta en el morir abusivo e incrédulo, razón por lo cual pasa tanto trabajo en toda lo que emprenden esta vida

Por lo tanto si pusiera en práctica la razón en atender los Orishas oír los consejos de los Orishas todo le fuera bien, porque usted se cree invencible. Mas téngalo de seguro que si usted no hace caso su enemigo de seguro lo vencerá, así que no amenace a nadie evite pleitos vicios juntillas bebidas ya que Ochosi es la justicia el cual se manifiesta en este oddu.

Por otro lado esta letra oddu de Eyioco habla de enfermedad mortal de la cual sea usted o alguien en la familia puede estar enfermo mas la única solución es coronar santo ya que marca Icu muerte en Osogbo letra del mal cuando sale Eyioco por lo general

Además a la persona de que le sale Eyioco la sangre por un coraje se le puede ir a la cabeza por un momento de rabia de cólera, por discutir. Por lo tanto ruéguese la cabeza con frutas y póngale a los santos ofrendas de frutas y de esa forma usted notara el cambio no pelee con su ángel guardián mas

De este Eyioco si la persona se pone en sus cabales hasta puede llegar a tener casa propia este letra de Eyioco habla de tambor de santo coronación de un niño o alguien en la casa para evitar muerte o enfermedad. Por lo tanto todo está en doblegar el orgullo evitar renegar, para que cuando salga Eyioco todo pueda cambiar, Consejo de Sabio.

Santos que hablan Ochosi, yegua, obatala, los ibellis, chango, Orichaoco

EYIOCO/OCANA No. 2-1
{Guerras Entre hermanos}
Mayugbba orun Rezos
Temite temitiche, mani guoloco
Tenura temitiche meni guooloco

Dice este oddu signo letra de los caracoles el {diloggun} y los [Orishas] Santo, justicia, traición y flechas entre hermanos. Discusión y desacuerdos. Esta letra es seria del diloggun en su pronóstico De consulta. Aquí habla Ochosi dueño de la justicia, los Ibeyis (gemelos) y Elleggua. Primero dice no preste, no discuta más múdese. No recoja a nadie en su casa porque mientras el gato no está en la casa, el ratón hace lo que quiere y le puede causar problemas. No le diga a nadie sus planes y tenga cuidado con mordidas de perros. Evite problemas, porque habla de persecución de la justicia y desacuerdos familiares. Y alguien en el hogar tiene que hacerse sea coronarse santo.

También este letra de los caracoles sea el [diloggun] donde le advierte de persecución y muchos desacuerdos hasta con su familia. Por lo cual habla de tambor, de fiesta al santo, de deudas y olvidos, de vicios y desacuerdos con la justicia si no se espabila. Este habla de persona desobediente que no cojee consejo y por eso le puede venir tragedia dentro de su vida. Santos que hablan, Ochosi los jimaguas {ibellis}, eleggua, Agallu Yemaya obatala

EYIOCO MELLI No. 2-2
{Fleches Entre Hermanos}
Mayugbba Rezos
Temite temitiche, mani guoloco
Tenura temitiche meni guooloco

Dice esta oddu signo letra de los caracoles sea el {diloggun} que tenga cuenta con amigos, ya que algo malo está parado en su camino que lo quiere perjudicar. Nunca crea que usted sabe más que nadie. En su familia, hay alguien muy enfermo. El santo será su salvación. Usted tiene una piedra guardada que le servirá de mucho. Usted es bueno pero todo lo bota por discutir tanto. Atienda el Santo. Darle tambor para salir de sus aprietos

Dice en este oddu de los caracoles sea {el diloggun}, en donde predomina Ochosi, san Norberto el dueño de la justicia, el cual el misma se condeno por hacer justicia, mas es suma importancia que la persona tome en cuenta la importancia de las advertencias, ya que aquí habla de condena larga y se tiene que evitar guerras entre hermanos por todos los medios. También la persona si no tiene santo hecho, lo más recomendable es hacerlo, ya que aquí también habla de tambor a los Orishas.

Habla Ochosi, los Ibeyis (gemelos) (Ibeyis), Elleggua, Obatala y Oggun.

EYIOCO/OGUNDA No. 2-3
{Guerra Y Tragedia}

Dice este oddu signo en el oráculo de adivinación de los caracoles sea el [diloggun] que usted no atiende su hogar y siempre quiere estar fuera. Incluso, lo quieren votar. Esta letra signo habla de Gente que le quiere mal y habla de guerras de familiar o de Santo. No se descuide. Habla de persecución y sangre. También habla de operaciones. Dice que muchos que lo odian y hablan mal de usted. Nunca diga para donde va, ni sus planes. Evite tener relaciones con mujer casada para evitar problemas.

Al referirme a este se tiene que andar con mucho cuidado. Ya que por otro uno puede hasta ir preso, Ya que aquí uno rompe el plato y otro lo paga y puede ser usted. No tome venganza con sus manos, ni sea cruel con los perro, ya lo más recomendable, es no tenerlo en su hogar. No maltrate a sus semejantes, ni se las de de guapo, ya que esta letra habla que la persona apesta a sangre y no puede tener almas de fuego para evitarse tragedias evite vicios

Habla Oggun, Elleggua, Yemaya y Ochosi.

EYIOCO/IRISO No. 2-4
{Ojo, Guerra}

En este oddu signo letra de los caracoles, sea el {diloggun} habla de Herencia, intranquilidad, envidia, hipocresía y falsedad es aviso y el sentimiento del alma del sentir humano habla dada la santa Bienhechora del bien, la tierra, Agallu el volcán, chango el fuego y Yemaya, diciendo que nadie sabe lo que hay debajo del mar. Por eso esta letra se compara con el sentir humano de lo que se guarda adentro del alma, que tenemos que saltarlo para ser felices. Ya que nadie sabe dónde está el corazón del ñame y del que duerme su almohada y del cuerpo el alma

Dice que usted nació para ser muy dichosa, pero tiene tantos obstáculos en su camino tormentos internos sentimientos guardados que no la dejan ser feliz. Ya que su alma llora y se desangra por dentro, algo que tiene que liberarse y soltar el pasado. Dice Yemaya, que nadie sabe el sentimiento que usted guarda por, dentro por su pasado. Este signo habla de engaño y traición. Puede hasta perder su imperio. Recibirá una herencia en su vida. Haga sus cosas solas y no diga lo suyo a nadie, ni se trate de enterar de chisme ajenos, ni firme papales que usted no ha leído bien. Refrescase su cabeza por 7 días con diferentes aguas. Atienda a Elleggua y póngale una corona. Manos de Orula y Osun de Extensión y atender los Orishas.

EYIOCO/OCHE No. 2-5
Condena Prisión

Dice este oddu de los caracoles, sea el {diloggun} por boca del santo, que no se descuide de su casa. Ya que el muerto esta parado en su puerta. No viaje por ahora. Usted tiene problemas familiares o de Santo. Alguien le hace brujería.

Cuidarse de la sangre, infecciones, diabetes y colesterol. Hacerle una misma a un muerto familiar que se la quiere llevar. Habla de una maldición en su familia y dice que primero se atienda usted para poder atender los otros. Pues dice Ochun, que primero pasa la aguja que el hilo. Atienda los muertos, altar y canastillero de Santo para que pueda progresar.

Dice que el mundo entero habla de usted y hay una persona que le quiere hacer daño por bujería de algo que paso hace algún tiempo otras y existe una confabulación en su contra, de chismes y injurias y acusaciones. Pero dice ochun la caridad del cobre que ella la defiende de todo mal. Dice este letra de los caracoles, sea {el diloggun} que hasta su suerte se ha convertido en pasajera, ya que lo que cote en una mano y por la otra se le va de sus manos y debe hacerse baños con perfume y flores y pedirle, a ochun la caridad del cobre, para que todo le vuelva, hasta la suerte perdida. Por lo tanto no le diga sus sueños a nadie. Santos que hablan Ochosi Eleggua Ochun y Obatala

EYIOCO/OBARA No. 2-6
{Destitución De Rey}

Dice este oddu signo, por boca de Chango, que no preste nada, (robas ni dinero) porque puede tener problemas al reclamar. No haga nada gratis. Déjese de indicciones y de empezar lo que no termina. No discuta ni quiera saber más que nadie. Siempre diga la verdad, aunque no lo crean. No viaje por ahora. Pero tal vez, más adelante, tenga que viajar por persona enferma. Este signo habla de Ibeyis (gemelos) (Ibeyis) en la familia. Usted tiene muchos problemas y tiene que tocarle al Santo para que salga adelantes. Oiga consejos de mayores.

Aunque aquí le habla la ruleta de la fortuna también, esta habla de lo cierto por lo incierto y las indecisiones dentro de la vida, Por las cual está pasando el que se están consultando. Ya que tiene muchas lenguas malas encima, por la envidia y por su buen corazón y por eso lo quieren destronar. Por lo tanto pídale a Chango que le va a traer la felicidad de progreso a su casa. Habla Chango, Ochun y Orula obatala, Agallu obatala

EYIOCO/OLDI No. 2-7
La Flecha El Hoyo traición

Dice este oddu signo de los caracoles, sea {el diloggun} de los {Orishas} los Orishas que no reniegue, ni maldiga para las cosa le salgan bien. Ya que el sol sale todos los días, y lo que no tenga, hoy mañana lo pueden tener demás. Dice Yemaya que usted nunca vera el mar vació. Tenga paciencia. Usted tiene mucha gente que le quieren mal. Habla de traición, el hoyo en la tierra. Dice que usted no hable más porque las paredes tienen oídos. Lo que usted dice de una manera, alguien la dice de otra. En esta letra nadie sabe el bien que tiene hasta que lo pierde y la traición es cosa mala. Aquí nace el matrimonio, la traición y el hoyo en donde se entierran los muertos.

Por lo tanto aquí la hermandad muere, saque de un lado a los amigos, a otro lado. Porque amigo, es el ratón del queso y se lo come, ya que este de traición y usted tiene que tener mucha cuenta, con que le formen líos con la justicia y hasta tenga que ir preso. Usted tiene que refrescarse la cabeza con plantas y no partir por la primera. Ni puede convivir con dos personas a la misma, ves pues de seguro se le va a descubrir y los trapos al aire saldrían. Habla Yemaya, Orgun y Orichaoco. Igguoros en ocana por uno se empezó el mundo lo pare Ofun donde nace la maldición y Oldi es la claridad la traición

EYIOCO/ UNLE No. 2-8
El Rey Destronado

Dice Obatala en este oddu letra signo de los caracoles, sea {el diloggun} que usted es su hijo. Por lo tanto, le debe respeto. Usted en cierto aspecto es muy dichosa. Pero está pasando momentos muy amargos y su cabeza no esté bien por los disgustos. Esta letra habla de campo y la persona que le conviene. Tiene que ser más oscura que usted. Esta letra también habla de dos reyes que no pueden gobernar un solo pueblo y de amigos inseparables que se separan. Este es el signo de las cabezas. Pero de la desobediencia, porque el orgullo no es muy bueno y el cabeza dura no llegan a ninguna parte.

Por lo tanto tiene que tener mucha cuenta ya que habla de persona celebrar mujeriego y muchas bese desobediente, aunque le gusta hacer favores pero no se lo agradecen. Dice esta letra de los caracoles, que tendrá larga vida y al finar vivirá en el campo y tendrá casa propia. La mujer tiene que ser mulata esta letra habla de persona muy espiritual y de buena cabeza. Ya que nace para gobernar pero su defecto es ser cabeza dura. Tiene que respetar los mayores y no burlarse de los desamparados esta letra dice que tiene un enemigo que lo quiere destronar con brujería. Por lo tanto vestir de blanco y hacerle misa a un ser difunto de la familia y puede ser el padre.

Tambor para Obatala para salir y vestirse de blanco. Habla Obatala, Ochun y Ardua chango.

Eyioco/OSA No. 2-9
Flechas Enemigos

Dice Oya en este del caracol, sea {el diloggun} que usted tiene que ser más reservada en sus cosas y no hablarle a nadie su secreto. Usted tiene dos enemigos. Usted cree que las cosas están tranquilas y no es así. Este habla de amigo que mata amigo. Enemigo gratuitos que le hacen la vida imposible. Tiene que tener cuenta para no tener problemas con la justicia. Usted dará un viaje al campo. Usted tiene familiares que le desean mal en la vida. Tiene que cambiar las cosas en su hogar de un lugar otro para que el enemigo no la venza. Atender los muertos y Orishas. Quítese malas ideas y no se decía la muerte. Habla Oya, Agallu y Obatala.

Dice Eyioco osa que usted nació para ser espiritista pero de momento es incrédula dentro de su mundo, ya que no le hace caso a su instinto propio y advertencia que le dan. Por eso está siempre en constante guerra y desacuerdos, ya que usted se presta para hacer favores ajenos de los cuales nadie les agrádese. Por lo tanto atiéndase usted primero, sea Félix primero, para poder hacer Félix a otro, ya que esta letra oddu Eyioco osa 2\ 9 la combinación es flechas entre hermanos y osa su mejor amigo su peor enemigo Amen aleluya y recapacite que aprender es de sabios si risas

Eyioco/OFUN No. 2-10
Flechas Maldiciones

Este signo de los caracoles, sea, {el diloggun} es donde nace la maldición. Letras de fenómenos, muertos, oscuros y brujería. Dice que usted no enseñe a nadie para que el discípulo no sepa más que usted. Ni crea niños ajenos para que no pase un buen susto. Dice Elleggua, Obatala, Ardua, Ochun, Asoano y Babaluaye, no le diga a nadie lo que tiene ni lo que sabe. Conserve sus cosas bien ocultas y en secretos. En esta letra hablan los muertos fenómenos y cosas misteriosas. Aquí nació lo bueno y lo malo. Trate de no dormir a lo oscuro y guarde bien sus cosas. Hágale una misa a los muertos. No coma nada de adentro ni habichuelas blancas.

Eyioco, Ofun es tragedia en sí, el ahijado de la muerte enfermedades mortales niños fenómenos {abicu}. Niños que no se logran. Muertos oscuros, maldición de familia y no se debe tejer rastros, ni huellas, ni vestirse igual a nadie, ni desearse la muerte por ningún motivo. En este no debe ser averiguado, ni curioso por saber los secretos de los demás este signo por lo general cuando le sale al consultante no duerme bien. Orishas que hablan obatala ardua Lázaro Orula ochun oya en el signo donde el mono perdió por curioso se debe hacer el baño de Ofun, o un paraldo con el oluwo babalao para quitar se a Icu la muerte o espantar la mula con el palero. Amen hermanos y si risas que aprender es de sabios

EYIOCO/Ojuani CHOBE No. 2-11
Guerra Y Fracaso

Dice el oddu Eyioco Ojuani, en los caracoles, sea {el diloggun} signo de los fracaso, perdidas, los cabezas duras, los guapos rabiosos y esto es los tropiezos que usted está pasando por seguir con esa actitud y modo de vivir, en querer resolver las cosas a la mala. Por lo tanto No quiere saber más que nadie, en siempre discutiendo por todo.

Trate de ser comprensivo, para que tenga un poco de paz en su vida. Obedezca los consejos de sus mayores y sus parientes. Hagas las cosas bien para que su suerte pueda cambiar. No discuta y si tiene intenciones malas con una persona, no las haga para que no se tenga que arrepentir y hasta ir preso. No cargue armas lo bueno del mundo puede venir a su vida si usted escucha los consejos de los mayores, los Orishas y los muertos.

Dice esta letra de los caracoles, sea {el diloggun} Eyioco, Ojuani Chobe que no reniegue mas pues un día eleggua lo mima y otro lo tira a un lado y esto se debe al mal comportamiento de su parte. Tiene que refrescarse la cabeza con plantas frescas y atender los muertos y los [Orishas} Orishas, para que todo cambie en su vida. No firme papeles sin antes verificarlos ni cargue armas de fuego para evitar líos con la justicia usted es hijo de Elleggua o Yemaya Habla Elleggua, Yemaya y Eggun (los muertos) y obatala.

EYIOCO/EYILA No. 2-12
Tragedia Y Guerra

Esta letra oddu de los caracoles, sea el {diloggun} en donde habla Chango, Obatala y Agallu, se deriva el fuego, lo caliente y los disgustos de la vida. Así que tiene que tener cuenta que no lo amaren y le den de palo. Evite tener problemas con la justicia. Habla de pérdidas de negocios y enredos por todas partes. No usé la violencia.

A usted lo pueden acusar de un delito y lo suyo se le puede descubrir y pasar por el peor de los bochornos. No mal trate a sus semejantes. Tiene que hacerle misa a un muerto familiar. Ya que La gente lo hace malo pero por dentro usted es otra cosa. Usted puede perder empleo o casa. Tiene líos pendientes. Usted tiene enemigos hasta dentro de su casa. Dice Chango, Agallu y los Ibeyis (gemelos) (Ibeyis), que usted cumpla con ellos. Oiga consejo. Tambor pendiente.

Dice este oddu que usted fracasa por renegar tanto y siempre querer saber más que nadie. Ya que la persona que le sale Eyioco Eyila, es malcriado de lengua muy floja y en respetuoso con los mayores. No debe viajar por ahora y más adelante se debe mutar de donde vive. No vista de rojo ni coma carne al fuego, ni frijoles rojos ni vista igual a nadie, tiene que cuidarse del fuego dentro de su casa, vista de blanco pídale a Obatala y usted verá la vida cambiarle por completo habla Chango, Agallu, Dada, Obatala, Oya y Ochun.

Ogunda 3 Sangre Tragedia
Guila Asain arara
Ogunda melli, telli, telli
Feralle, efuselle, olesi

Igguoros omorishas lagua lagua al hacer mención de esta letra de ogunda marca sangre en el camino si no se recapacita a tiempo evitar cargar almas de fuego si tiene alguna mala intención de agredir a alguien piénselo dos o tres beses, ya que la tragedia puede ser mayor de lo que usted se cree y hasta puede perder su vida.

Ya que ogunda cando sale es una letra que advierte del peligro donde se manifiesta Oggun dando el consejo esta letra, la cual marca infecciones, operaciones, tétano, cangrina. Por lo tanto, evitar hincadas de clavos, agujas y no comer pescado pequeño ni boniato.

Evitar por todos los medios de pararse en esquina con tres personas ni ir pescar un grupo de tres. Ya que en la pesca los tres pescadores uno pone el anzuelo otro la carnada y otro el Jamo. Más si cojee un solo pescado a quien le pertenece en realidad. Por eso esta letra de ogunda por nada empieza una tragedia ya que marca sangre.

Dice esta letra que usted siempre quiere inspirad miedo y tener a todo el mundo bajo su dominio y por eso lo pueden estar velando hasta para matarlo. Por lo tanto, mire a donde va y si lo invitan algún lugar no Valla ya que le pueden tender una trampa ya que dice esta letra que usted apesta a sangre.

Evite pleitos con la justicia, no provoque la guerra ya que este mismo puede salir perjudicado; evite tratos entre tres evite pararse en escaleras nunca de la espalda ni tome nada que usted no esté seguro de lo que es cuidarse de inyecciones hincadas y si va a una operación pregúntele al Santo.

Letra donde en donde la persona si es Santero Omorisha tiene que recibir pinaldo cuchillo o caracoles de Oggun para reforzarse en la vida. Una letra que siempre a la persona a la larga si no hace caso le traerá muchos problemas en el futuro. Evitar ser cruel con los perros y con sus semejantes. Consejo de Sabio ganancia para el futuro.

Santos que hablan......Oggun, Yemaya, Elleggua, Ochosi, Obatala. Amen que aprender es de Sabio y la superación mata la ignorancia Igguoros hermanos, santeros, lagua lagua y fieles creyente y de nuevo amen y sin risa que esto es Santería Yoruba de a verdad.

OGUNDA/OCANA No. 3-1
Sangre Tragedia
Guila Asain arara
Ogunda melli, telli, telli
Feralle, efuselle, olesi

Dice esta oddu letra, de los caracoles sea, {el diloggun} que su cuerpo huele a sangre y que tenga mucho cuidado. Dice que el pescado puede ser su salvación para hacer {ebbo} limpia no coma boniato {batata dulce}, ni pescado pequeño. No maltrate los perros ni a sus semejantes. No se pare en las esquinas con dos y usted tres. En su hogar le pueden robar. No lleve nada torcido en su cuerpo. No provoque desgracia. No perro ni pescado chiquito. Cuidarse de las hincadas, infecciones y tétano. Le puede venir una operación. No coma gallo. No sea violento ni quiera arreglar las cosas con violencia. Evite las armas de fuego. Tiene que recibir los guerreros Elleggua, Oggun, Ochosi y Osun, para su bien.

Dice este en boca del Santo, a través {del diloggun} los caracoles, que no guarde nada en su casa que sea robado, ni paquetes, porque puede ir preso. Tiene que controlar su mal genio y no partir por la primera, ya que la persona que le sale este Oduu Ogunda Ocana, que usted es muy violento y quiere siempre usar la violencia y esto le puede causar ir preso. No debe usar armas de fuego, no debe tener perros, ni maltratarlos. Esta letra marca ulceras operaciones y si es Santero debe recibir pinaldo para establecer su vida, respete los Orishas no maldiga ni reniegue habla Elleggua Oggun Ochosi Olocun Agallu Yemaya y Obatala.

OGUNDA/Eyioco No. 3-2
Guerra Y Sangre

Dice Oggun en este signo del {diloggun} que no discuta mas ni quiera matar a alguien que le tiene usted gana. No hacer justicia con sus manos porque de seguro ira preso. Controle su genio. No valla ser que le provoque un gran problema. Evite las mujeres e hombres casados porque no le convienen. Evite las bebidas alcohólicas y los vicios aunque tenga razón. Evite problemas y cuidarse de la brujería. No le puede decir a una mujer que se saque un hijo (No abortos). Cuidados con enfermedad en los intestino. Sea más reservado para sus cosas. No le cuente a nadie sus planes.

Dice este de los caracoles, sea {el diloggun} Usted es a veces muy dichoso, pero de momento, todo se le vira al revés. Límpiese con carne de res y manteca de corojo. Coja pinaldo si es Santero o Santera. Tambor a los Orishas respete los mayores y no haga justicia con sus manos, ni se pare en las esquinas, no guarde nada en su casa que usted no sepa lo que es. Debe ir al médico y chequearse de lo interno del estomago. Evite vicios bebidas alcohólicas atienda sus Orishas y muertos. Habla Oggun, Elleggua, Yemaya, Ochosi, y Obatala los Ibeyis. Amen que esto es santería no ciencias ni químicas

OGUNDA/Melli No. 3-3
Sangre Tragedia

En esta oddu letra le dice Oggun, que usted puede ser vendido y traicionado por un amigo. A usted le pueden dar golpes y amararlo. Evite salir a pescar y especialmente con tres por ahora. No debe viajar. Le puede venir una operación de pronto. Evite guardar nada de nadie en su hogar. Cuidarse de un robo. No use armas de fuego porque la pueden usar en su contra. No bebes bebidas alcohólicas.

Esta letra habla de sangre, traición y la muerte. No pelee ni le levante la mano a su compañera. Alguien lo quiere hacer que usted haga actos impropios. Jamás permita decirle a una mujer que se haga abortos ni la acompañe. Visite el médico a tiempo. No deje que los malos impulsos lo cieguen y no haga justicia con sus manos.

Dice este en el {diloggun} caracol que evite líos amorosos con dos personas a ves pues se le pueden descubrir la cosa y formarse un tremendo lío y usted será el perjudicado y lo que le esperaría sería un gran bochorno por vida y los trapos al sol. No le diga a nadie sus planes, ni para donde se dirige, pues lo pueden estar velando para darle de golpes y hasta matarlo

En este habla Oggun, Ochosi, Elleggua y Osun. Aquí Elleggua y Oggun traicionaron a Osun. Y lo mismo le puede suceder a usted. Amen y a cuidarse hermano homérica que enmendar es de sabios

Ogunda/Iroso No. 3-4
Hoyo Tragedia

Dice este de los caracoles, sea el {diloggun} que es mejor recapacitar que tener que remediar. Ya que aquí confianza vendió a su amo y usted puede ser vendido por la misma confianza, igual que Elleggua y Ochosi vendieron a Osun. Este signo letra de los caracoles marca traición de amigo a amigo. Por lo cual tiene usted que tener mucha cuenta, que no lo delaten y hasta valla a ir preso. Así es que mire bien lo que está haciendo mal, que no se le vaya a descubrir, sea lo que esa aun mas este letra de los caracoles, va mas allá y le advierte de peligro y de enfermada tiene que cuidarse la vista y tratar de olvidar el pasado para que tenga paz, ya que guardando rencor dentro de usted lo que hace es perjudicarse a sí misma

Esta letra de ogunda iriso, también cuando se le abreves Ejiroso Ogunda que 4 \3 ya sé que los sábelo todo dirán está cambiando la letra. Pero los caracoles de santo el diloggun está en combinar lo que se llama el culo del caracoles que son cosas de los verdaderos italeros sacerdotes mayores {obas}, oréate que lo comparaban todo hasta de donde nace la letra y a Ogunda lo pare Oldi donde nació la traición

La cual pica y se extiende a lo más profundo del sentir humano en igual a la refundida de los mares, donde la misma Yemaya dice que nadie sabe lo que está en el fondo del mar por lo tanto guarde bien las cosas y no le revele a nadie de lo de su vida para que no lo vallan a venderle marca herencias papeles los cuales le quieren quitar lo zullo que le pertenece por ley. Usted si no tiene santo lo debe hacer y atender los muertos, ya que nació con visión de ver los espíritus habla Oggun, Yemaya, chango, Elleggua y obatala. Amen aleluya que Olodumare Dios nos coja confesado. No se rían que todavía falta mucho de aprender.

OGUNDA/OCHE No. 3-5
Sangre Revolución

En esta oddu signo letra de Ogunda/Oche, no es recomendable hacer sociedades con tres. Dice que se cheque con el médico para evitar algo mayor. Habla la sangre que corre por las venas; infecciones, diabetes, ulceras, colesterol, alta presión y revolución. Habla de brujería y de alguien que se tiene que hacer santo. En su casa problemas con niños. Muchas veces se siente dolores en la rodilla. Le tiene que hacer una misa a un ser familiar. Este signo también habla de mucha envidia y robos. Dice que le hacen brujería. En su hogar y le tiran polvos y es por eso que su cabeza muchas veces no está bien.

Este oddu de los caracoles, sea {el diloggun] el santo le advierte al consúltate, de confabulación en su contra has de su propia familia. Usted tiene un ángel guardián que puede ser ochun, la caridad del cobre, que la protege mucho y a usted se le olvidan las cosas de sueños, de lo cual le revelan, por brujería que le hacen. Para cambiar tiene que empezar a quererse un poco más, en vez de los otros y debe tener un altar bóveda de muerto y hacerles misas. Báñese con orozun, hierva dulce miel y perfume y ponerle una calabaza a la caridad del cobre ya que la aguja siempre pasa primero que la aguja

Santos que hablan Ochun, Oggun, Elleggua, los Muertos y Obatala. Amen que todo el día se aprende algo nuevo de la vida

OGUNDA/OBARA No. 3-6
Discusión Sangre

Este oddu signo letra habla las malas lenguas y los engaños. Pero también, es comercio. Decir mentiras y la borrachera no es buena y tiene que evitarlo. No discuta ni crea que usted lo sabe todo, aunque usted tenga la razón, porque siempre pierde. No hagas cosa mala e impropia, pues se le pueden descubrir todo lo que usted hace malo.

Más salir a reducir secretos al descubierto y bochornos, que lo perjudicaran. Por lo tanto este oddu letra Chango lo protege mucho y Ochun. Mire bien antes realizar un viaje y hágase ebbo. Limpiase para evitar contrariedades. Usted tiene que darles comida a sus Orishas si es Santero o Santera y coger pinaldo para reforzarse. No levante nada pesado ni a nadie que está mal. Pues usted puede bajar y el subir. Por tal razón tiene que cobrar todo. No puede dar nada de gratis.

Este oddu de Ogunda obara, 3\ 6 tiene bueno y malo, como todo en la vida y la envidia mata y los celos perturban y una buena lengua salva a un pueblo y otra mala lo destruye y el que sabe no muere como el que no sabe y es mejor precaver que tener que remediar. Dichos y refranes de estas letras por la cual el consultante viene a buscar sus respuestas dentro de la religión de la santería, ya que lo que sale en los caracoles {diloggun} es para beneficio del creyente. Habla Oggun, Chango, Orula, Ochun, y Obatala. Y rey no miente dice chango. Amen, Ache Santa Bárbara Bendita

OGUNDA/OLDI No. 3-7
Tierra Y Traición Dos Erróneos

Dice este oddu signo letra que nadie sabe el bien que tiene hasta que no lo pierde. Aquí nació el cuchillo y la montaña. Por desobediente, el volcán le hizo un hoyo y la mujer la enterraron por ser traicionera. Dice Oggun, que el herrero sin herramienta no es herrero en la vida. Por eso es que se recibe el cuchillo (pinaldo) para reforzarse, ya que lo necesita.

Dice este oddu de Ogunda Oldi que sus pensamientos no son buenos y que usted tiene problemas en su casa. No haga justicia con sus manos ni le de golpe a niños ni hablar nada frente a ellos. No maltrate los animales ni los perros. A usted le hierve la sangre y se le sale el mal genio por los ojos. No usé la violencia, no porfié, no pesca con tres, ni coma pescado chiquito y ni boniato. El pescado puede ser su salvación. Cuidarse de hincadas. No se enamore de hombres o mujeres ajenas.

Dice Oggun que usted puede ir preso y ser vendido por un amigo y le están haciendo brujerías y que usted tiene ganas de herir a alguien. Usted no debe tener armas de fuego y quitarse ese mal genio de encima antes de que sea tarde. Dice que usted no tiene tranquilidad ni en su propia casa y esto es por descuidos de no atender sus Orishas y recapacitar. Por eso se tiene que limpiar con carne de res y corojo o con tres pescaditos pequeños y llevarlos al mar y hablar con Yemaya vista de blanco ya que en este oddu de Ogunda Ejiroso 4 \7 dice que dos personas erróneas no llegan a ningún lado.

Habla Oggun, Yemaya, Orichaoco, Obatala, y San Lázaro

La guerra de la peonia ojo prieto u ojo colorado dos erróneos

OGUNDA/ELLEUNLE No. 3-8
El Rey Que Quieren Destronar

Dice este oddu signo (letra) de los caracoles, sea {el diloggun} que no discuta con la autoridad, porque puede ir preso. Tiene que tener mucha cuenta con operaciones. Dice que usted está pasando por momentos muy difíciles y agobios. Por eso esta tan perturbado, que no sabe lo que hace y maldice pelea hasta con usted mismo. Le dice Obatala, que tiene que hacer ebbo. Limpiase y saturarse de todo lo malo y vestirse de blanco por ocho días. Evite las bebidas alcohólicas. No sea tan celebrar y mire bien que los problemas emocionales no son muy bueno. Para esta letra, no maldiga y tiene que tener paciencia. Usted la critican mucho y le quieren hacer mal. Dice Obatala que lo perdido lo recupera.

Pero tiene que tener paciencia en la vida dice que usted tiene enemigos fuerte que le quieren virar su pueblo en contra de usted. Siempre recuéstese de obatala y vista de blanco y recibir a INLE y abátala para su salud, ya que es preferible en este, coger consejos y respetar los mayores y hacerle misa a los muertos y vestir mucho de blanco por esta letra de Ogunda Unle.

Habla Obatala, Oggun y Elleggua. Ochun chango y Yemaya

OGUNDA/OSA No. 3-9
Enemigos Y Tragedias

Dice este oddu signo (letra) de los caracoles, {el diloggun} que no deje para mañana lo que puede hacer hoy y si empieza algo termínalo. A usted le quieren hacer mal y tiene enemigos muy malos. No le diga a nadie sus planes para que no le sigan la huella. El aborto es prohibido y recomendarlo también valla al médico con tiempo. Muchas veces le gusta salirse con la suya. No discuta ni reniegue por la cabeza dura, porque se pierde. En esta letra, usted es muy riesgosa y se aventura sin pensar. Por eso a veces le salen las cosas mal en su vida. Usted tiene mucho que ver con lo muertos y en palo monte.

Su mejor amigo se le puede convertir en su peor enemigo. No sea tan confiada. Este habla de persona muy espiritual pero con muchos desacuerdos internos y remordimientos hasta con su familia. Ya que este signo dice que amigo de hoy enemigo de mañana evite pleitos y no se duerma, que mientras el gato no está en la casa el ratón hace lo que quiere.

Aquí habla Oya, Oggun, Agallu, Obatala y Elleggua.

OGUNDA/OFUN No. 3-10
Sangre Y Maldición

Dice esté oddu que el que solo la hace, solo la paga. Por eso los hijos de esta letra, no pueden confiar en nadie. No porfía por nada ni sea cabeza dura. Pues los consejos de mayores son ganancia para su futuro. No coma nada de adentro de los animales, ni haga locuras impropias de un cristiano. Tenga paciencia, pues la prisa no conduce a nada bueno ni la violencia. Tenga cuenta con agujas, operaciones e infecciones. No haga sociedades con nadie. Este signo nace la maldición. Tenga un monito en su casa para que no se sigan burlando de usted. No coma maní. Pues aquí habla San Lázaro, Ordua y Orula.

Dice también que usted lo pueda húsar de esclavo. No lo permita. Tiene que respetar los hijos de megua y Obatala. Coger consejo de mayores. Darle comida sus Orishas. Ya que la muerte esta parada en su casa habla de enfermedades internas, insomnios desanimo. Ya que esta letra oddu letra marca maldición fenómenos paralización de astros parálisis invalides. Ya que aquí nació lo malo. Por lo tanto tiene que limpiarse rogarse la cabeza coger cofa o mano de Orula o paraldo o baño de Ofun para que salga adelante.

OGUNDA/Ojuani CHOBE No. 3-11
Tragedia Y Ruinas

Dice este oddu signo, letra, en los caracoles sea en {el diloggun} que usted tiene que controlar el mal genio que usted tiene. Que las ideas malas que tiene, se olvide porque le puede salir todo mal y hasta ir preso. Evite los vicios y los actos impropios. No haga justicia con sus propias manos. No guarde nada que sea fuera de la ley. Pues la justicia está detrás de usted. No trate de separar peleas ni tenga pleitos con nadie.

Dice este letra, que alguien lo puede vender. Habla de acusaciones, no use armas de fuego ni reniegue tanto. Tiene que cuidarse de los intestino, lo ulcera y las piernas. Siempre mire a donde va, que no valla ser que le den de golpes.

Este oddu de interpretación del diloggun loa caracoles al salir no es de fiar ya que eleggua lo mismo lo acaricia que lo hecha a un lado por su mal comportamiento y renegar tanto. Por lo tanto no haga justicia con sus manos pues las cosas le pueden ir mal en la vida si no cambia el modo de vivir. Evite vicios y actos impropios, ni los permita en su casa. No cargue armas de fuegos ni las tenga atienda sus Orishas y los muertos Habla Elleggua, Oggun, Yemaya, San Lázaro y Obatala. Amen

OGUNDA/EYILA No. 3-12
Tragedia Fuego

Dice este signo oddu que el peje muere por la boca. Cuidado que no valla ser que le den algo a tomar. En esta letra habla la candela, el mal y tétano por hincada. No se altere tanto en su vida. Perdidas en los negocios. Hágase un ebbo con San Lázaro para que pueda salir bien. Pues el fuego está sobre su cabeza.

Dice Chango en este, que deje las discusiones y oiga consejos de los mayores. Por ahora, vístase de blanco y no viajes. Usted no maltrate los perros ni diga tantas mentiras para salir bien. No haga fuerza porque se le puede lastimar su espalda. No quiera que todo sea como usted dice, ni querer saber más que nadie. Sea más cuidadoso con lo suyo y no sea abandonando para que las cosas salgan bien. Habla Chango, Obatala, San Lázaro y Oggun. Agallu y dada Elleggua y Ochosi. Amen que aprender es de Sabio.

Ijirosun—Iroso No. 4
Sentimiento Del Alma

Nadie en si sabe lo que hay en el fondo del mar dice Yemaya. Al hacer mención de este oddu marca lo profundo del alma sentimiento disgusto desacuerdos con familiares y hasta con semejantes desilusión de amores desprecio y traición pérdida problemas del existir. Un mundo de inciertos de choques y pruebas. Igguoros homérica hermanos lagua lagua de este de los caracoles diloggunes te dice de la vida de bochinches el dime que te diré dentro del circulo que lo rodea dentro de lo que se vive de lo profundo del alma

Iriso habla de muerte familiar de seguro, ya que hasta el hoyo esta marcado en lágrimas de luto este trae problemas con la justicia y si se descuida marca pérdida de empleo disgusto con la pareja, discusión a diario por celos y desconfianza, dice este de iriso que su felicidad está en la cuerda floja listo para la separación si no se dejan las discusiones.

Por lo tanto, usted debe ir al médico por la vista y los nervios y el estrés por el cual está pasando. Algo muy común de este de ijirosun, del cual hasta habla de herencias en recuperar. Pero del abismo si no salimos las fuerzas del mal los vicios nos aniquilan. De este de iroso habla de hermano o familiar en presidio y de lo cual se tiene que hacer ebbo para poder salir del aprieto con la justicia para poderlo sacar.

Dice de ijirosun, que usted nació con vista del cielo; pero es terca e incrédula que esta duda de su propia sombra, incluso su desconfianza y su lengua la mata a usted sola ya que se le refleja el mal genio hasta con sus semejantes y se levanta como las olas del mar por nada. Por lo tanto en este de iroso dice la misma Yemaya, que nadie sabe lo que hay en el fondo del mar y así es, a la persona que le sale Iroso.

Este oddu habla de trastornos emocionales, ya que usted guarda dentro disgustos que le pueden volver loca, ya que nadie ha sido legal y le quieren quitar algo de una herencia que le pertenece a usted, por lo tanto tenga cuenta cuando firma papeles legales, ya que le pueden tender una trampa de familia ya que uno siembra y otro se quiere quedar con lo que le corresponde.

Dice que usted siempre sueña con el mar y una Santa. Ya que ustedes nacieron con vista para ver los espíritus, pero se asustan, por lo tanto no lo haga. Recuéstese al Santo para que recupere una herencia. Haga ebbo limpieza por cuatro días con diferentes cosa; báñese con plantas frescas de Yemaya. Solamente usted sabe su propio secreto de un fracaso en su vida, por lo tanto en este se le da de comer a la tierra ya que ella también come y es a la sombra a las doce día mejor el ebbo {limpieza}. Mas si es Santeros, un Osun de extensión y una corona a Eleggua y recibir Dada, la corona de Chango no hacer hoyos ni vestir de negro.

Santos Que Hablan Amen

Olocun, Chango, Orula, Yegua, los Bellis, Oddus, Obatala, y Dada

Ebbo de gallo a Chango o Yemaya

Ebbo con pescado hervido pasándole manteca de corojo

Ebbo de darle un pollo a la sombra

Ebbo con ministras una guinea y llevarlo al mar

Ebbo baños de plantas tela azul y llevarlo al mar

IRISO/OCANA No. 4-1
Sentimientos Fracasos

En este oddu (letra) de los caracoles, sea {el diloggun} les advierte que tenga cuenta con algún Santero que visita su casa, que le puede hacer una trampa. Esta letra habla de intranquilidad, envidia, tropiezo y pérdidas. Pero por el otro lado, habla de herencia y dinero. No confía sus secretos, ni abrigue chisme. No puede hacer hoyos ni en su casa los puede haber. También puede perder trabajo y casa si viene con Osogbo (el mal).

Por lo tanto en este signo, hoy tiene mucho y mañana no. Por eso se le pone una corona a Elleggua y el Osun de su tamaño que lo dan los Oluo sea los Babalaos este predomina Olocun, Ymaya, Dada, Agallu, Chango y Obatala. Dice que usted guarda un sentimiento del pasado que le amarga la vida. Elleggua es un factor muy importante. Sáquese, el pasado y viva el presente.

Dice que no se amargue la vida para que pueda ser feliz en su vida. Aun mas, no guarde rencores, no se martirice usted misma como lo ha venido haciendo. Usted nació para ser Santera y Espiritista. Este signo habla de herencias de papeles, los cuales tiene que tener cuenta lo que firma por lo tanto usted nació para ver ya, que este signo es de ser espiritista. Habla Yemaya, Dada, Chango, Agallu, Obatala Elleggua y Ochosi.

IRISO/ELLIOCO No. 4-2
Herencias Papeles

En esta letra oddu signo de los caracoles {el diloggun} es de Yemaya, Olocun, Agallu, y es por eso que las personas a veces ríen y después lloran. Por eso Elleggua a veces la acaricia y luego la abandona. Este signo es el del sentimiento interno y el volcán de Agallu. La persona de momento esta que explota como el mismo volcán, mal genio disgusto en la vida y desencantos. Este es lo profundo del mar y de las persona no guarde rencor. Atienda el santo. No es tan renegada para que salga adelante.

En este de los caracoles, sea el {diloggun} la vida le puede trae una sorpresa, si usted pone de su parte no reniega, ni se amargue tanto la vida. En quered cambiar el mundo y la gente. Ya que cuando el rió está lleno uno no se para frente de la corriente, ni se pone a nadar en contra, ya que por más que usted se amarga los otros se ríen de usted. No parta por la primera, ya que luego vienen las consecuencias a pagar. Si usted atiende los Orishas y los muertos la ruleta de la fortuna tocara su puerta. Amen y coja consejo

Habla Yemaya, Olocun, Agallu, Chango, Obatala y Dada

IRISO OGUNDA No. 4-3
Traiciones A Osun

En este signo oddu (letra) tiene que cuidarse de la candela. Usted nació marcada en su cuerpo. Habla lo profundo del mar y el sentimiento humano. Dice que usted se está batiendo en la vida con personas floja de lengua y le quieren hacer mal en su vida. Usted debe ponerle corona a Elleggua y hacerle fiesta a los Ibeyis (gemelos) (Ibeyis). Tiene que tener Dada la bienhechora del bien y la paz. Vestirse de paciencia y controlar el genio. No guarde sentimiento con nadie. Pues el veneno que se guarda adentro se envenena el alma. Esta letra le traerá a su vida una herencia algo que usted no ha sudado.

Omorishas "santeros en este oddu de Ijirosun ogunda 4\ 3 fue en donde Oggun y eleggua en conjunto le tendieron la trampa a Osun el gallo que era el vigilante. Más como tenían que señalar a alguien del delito de haberle comido la chiva blanca de obatala, mas como Osun se había quedado dormido le pasaron la sangre en el pico y por eso obatala lo culpo y tiene que vivir en alto en los hogares como el vigilante. Mas es por esta razón que les digo que no se duerman y despierten a la realidad. Amén". Habla Yemaya, Olocun, Chango, Agallu, Obatala, Dada y Elleggua. Si tiene Elleggua, póngale una corona y tiene que recibir Osun de Extensión.

Iriso Melli No. 4-4
Deshonra
Sentimiento Oculto

Esta letra oddu de interpretación del oráculo de los caracoles sea {el diloggun} enseña lo más profundo del alma de los seres humanos, por lo tanto es aquí donde la diferencia se parte por la diferencia, ya que nadie sabe lo que está en el fondo del mar, dice Yemaya la virgen de regla. Pero quien sabe el sentir del alma y el palpitar del corazón cuando llora por dentro, ya que esta letra de los caracoles sea {el diloggun} habla de una persona que encierra mucho dolor por lo que ha vivido. Además este oddu profundiza la vida dentro de la existencia humana, algo que solo la almohada es la testigo de las lagrimas vertidas.

Este oddu letra, la persona que se consulta, se registra es una espiritista tiene el {ache} la gracia de ver los muertos y soñar las cosas antes que sucedan, en si es adivino, pero muchas beses no se cree a sí misma y reniega. Es santera de nacimiento y no lo admite. Tiene, virtudes, ya que ijirosun es la vista espiritual. No debe hacer hoyos y tiene que tener cuenta, con hincadas de agujas y padece de la vista y se tiene que sacar una muela. Habla de herencias tiene que ponerle una corona a eleggua y recibir el Osun de extensión con un oluwo babalao y vestir de blanco para su suerte, habla Yemaya chango Agallu dada y obatala.

IRISO/OCHE No. 4-5
Maldicion Muerto Parado

En este (letra) de los caracoles, sea {el diloggun}, dice Ochun que si agua no cae maíz no crece que hay muerto oscuro parado en el camino de la persona que se está registrando sea consultando. Este habla de envidia y brujería y de infección en la sangre y habla de muerto oscuro que se la quiere llevar. Usted tiene que limpiarse (hacer ebbo). Tener cuenta con la candela los rayos usted tiene un ser familiar muerto que se la quiere llevar. Tenga mucha cuenta con trampas de papeles. Mire lo que firma.

Este de los caracoles, sea {el diloggun} Habla de herencias. Tiene que hacer santo para su salvación y habla también de hijo que debe hacer santo. Usted nació con vista espiritual. Habla de malas lenguas brujería y envida. No guardes sentimientos ni rencor con nadie. Respecte sus mayores. Haga una misma a un ser familia. Atienda a santo y su espíritu para su salvación. Orishas que hablan Yemaya, Olocun, Elleggua, Chango, Dada, Agallu y Ochun. Por lo tanto dele merito a la gracia del cielo, de Olodumare Dios y sea prudente para consigo y para los otros que la gracia sea el ache de los Orishas y los muertos siempre la protegerán. Dele luz a un espíritu familiar que murió haciéndole una misa espiritual.

IRISO/OBARA No. 4-6
Corona De Rey

Iriso/Obara habla de deudas, trampas en papeles y desacuerdos en negocio. Dice que se cuide de una trampa por santero en su casa. No diga que sabe y no vista igual a nadie. La candela es su enemiga. No parta por la primera, no guarde remordimiento en su alma ni odie como todos los iroso. Habla del sentimiento del alma, el disgusto familiar y matrimonial y tropiezos en la vida.

Este letra de los caracoles sea el diloggun donde los Orishas hablan es como el mar profundo donde nadie sabe lo que hay en él. Ya que así son las personas de este signo oddu letra 4 \6 ijirosun obara. Pero es el volcán, el vació donde habla los sentimientos humanos. Es donde las personas de este signo guardan muchos sentimientos por las malas lenguas. Este signo también habla de intranquilidad, insomnios y problemas familiares. Disgustos que se tiene que olvidar para vivir una vida tranquila y paz en su logar. Habla Olocun, los Melli, Agallu Dada, Chango y Obatala

IRISO/Oldi... No. 4-7
Lo Profundo Del Mar Olocun

Nadie sabe lo que hay en el fondo del mar Iroso Oldi signo (oddu) de los caracoles sea {el diloggun} que hablan por la boca de los {Orishas} Orishas, que es donde predomina Yemaya. Habla herencia, papeles, trampas, tropiezos y disgustos dentro de su hogar y fracasos matrimoniales. No deje hoyos en su casa ni botellas vacías. No brinque hoyos ni mire hacia abajo. Cuídese de la vista y baya al dentista. Trates de no vestir igual a nadie para que no la confundan con otro.

Dice iriso Oldi por boca de los Orishas que Usted tiene malos ojos encima. No diga que sabe y evite bochinches. No revele de usted a nadie. La puede traicionar un santero. Dice que usted tiene algún problema interno y tiene que ir al médico. Elleggua tiene que tener su corona. Dice que usted ríe por un lado y por el otro llora. No viaje sin antes pedir permiso al santo. No parta por la primera sin saber pues esto le puede traer malas consecuencias en su vida. Dice este, que usted está llena de dudas y tormentos y guarda mucho rencor en el alma hasta con su propia familia Atienda a siempre a Elleggua. Ya que esta letra habla de perdidas y problemas de justicias Habla Agallu, Dada, Yemaya y Ibeyis (gemelos) y chango

IRISO/ELLEUNLE No. 4-8
Cuerpos Sin Cabeza

Dice Iroso/Elleunle, esta letra de los caracoles sea {el diloggun} que usted no confié su secreto a nadie. Habla de disgustos, tropiezos, prisión y descontrol en su vida. Dice que usted la salvación es el santo y todo el bien de lo que le puede traer a su vida es que le sale. Habla Yemaya y Olocun tiene que cuidarse de los nervios, estomago, celebro y ulceras. Dice que dentro de de todo, usted no es mala solo media alocada y desobediente.

Dice el oddu, de los caracoles sea {el diloggun} que en su vida usted no tiene paz con usted misma y se desea la muerte y quiere las cosas a su manera y que reniega mucho y se altera de nada. No reniegue mas, hágase ebbo (limpiase). Usted nació para ser cabeza. Mire bien con quien se hace santo pues le puede hacer una trampa. Su suerte esta mala. Debe la casa si le sale Ijirosun/Elleunle y el santero no le puede cobrar la consulta y debe ayudarlo. Habla Agallu, Olocun Chango, Dada y Obatala

IRISO/OSA No. 4-9
Enemigos, Gratuitos

En el oddu Iroso/Osa, usted debe dinero o recibirá una herencia en su vida. Usted nació marcada con un lunar y es espiritista de nacimiento. Este marca traición de amigo, trampa, brujería y enemigos gratuitos. Dice que lo que está escrito no hay quien lo borre. Dice que usted piensa mucho y que a veces las cosas le salen mal en todo. Dice que usted llora mucho y usted tiene malos ojos encima y mucha brujería y malos pensamientos. Un enemigo que quiere acabar con usted. Dice que usted es arriesgada en todo y muchas veces es cabeza dura Hace las cosas sin pensar y parte por la primera.

Dice este iroso osa, 4/9 de los caracoles sea {el diloggun} A usted la critican mucho por su forma de ser. Usted no le teme al miedo y por eso se puede perder, ya que el más cobarde por miedo es más guapo que los mismos guapos y este dice amigo que mata amigo el mejor amigo el peor enemigo, más si lo viramos el oddu, técnicas de la sabiduría en aprender. No maldiga y usted no escuchas consejos. Sea obediente y oiga consejo de mayores y respete al los Orishas y los muertos. No pelea más con ellos. Esto hará la diferencia entre el mal y el bien suyo. Habla Agallu, Dada, Oya, Chango y los Muertos.

IRISO/OFUN No. 4-10
Hoyo, Maldición

En este (letra) de los caracoles sea {el diloggun}, habla de insomnio, trampas, sombras desvelos, desajuste mentales, dolores de cabeza, vista mala, trampas por papeles, prisión, habla de maldiciones, espíritu oscuros y disgustos familiares perdida. Usted tiene que controlar el genio. No diga que usted sabe más que nadie, sin razonar dentro de los consejos de mayores y hasta de los Orishas

Dice este Cuidado con niños que cuide y acusaciones de justicia. Usted ni confía ni oye consejos y es por eso parte de sus problemas en la vida. De usted todo el mundo habla mal. No cargué armas de fuego encima. Tiene que mudarse. Cuidarse la salud y no haga actos viciosos. Para que no se infecte, No bebidas. No porfié más. Desbarrete del hogar. Usted está mal visto en su familia. No discuta con los hijos de megua. No crea hijos ajenos ni parte por la primera. Para que pueda tener paz. Este signo habla de fenómenos maldiciones, muerto oscuro, tropiezos en la vida. Por lo tanto no puede dormir bien ve cosas malas, sombras, amanece con marcas en el cuerpo. Habla Chango, Yemaya, Agallu, Dada y Obatala. Ardua y san Lázaro.

IRISO/OJUANI CHOBE No. 4-11
Fracasado Ruinas

Dice este Iriso/Ojuani Chobe, en los caracoles sea {el diloggun} que tenga mucha cuenta con justicia habla de trampa, disgustos, desacuerdos, envidia, traición y prisión. Usted se trae algo malo que se le puede descubrir. A usted lo quieren desaparecer de donde usted vive y de algo más. Dice este oddu, dice que hoy en día no tienes nada y mañana tendrás de sobra. Póngale corona a Elleggua.

Evita las confrontaciones y pleitos. Respeta a tus mayores. Evite armas de fuego y evita actos malos vicios. Evita líos pasionales. No seas cabeza dura. A través del tiempo, tienes que hacerle santo a un hijo. Enfermedad en familia. Su vida es un desbarajuste por su forma de ser. Reflexione y atienda a los Orishas. No parta por la primera ni se crea más guapo que nadie, para que su ángel guardián no le dé la espalda. Habla Olocun, Dada, Elleggua y Chango, Yemaya obatala Lázaro.

IRISO/EYILA No. 4-12
Candela Y Agua

En este oddu de Ejiroso/Eyila, habla de traición, engaño, intranquilidad, el fuego, cárcel y enfermedad familiar. Dice que el fuego anda sobre su cabeza y usted mismo no lo sabe. Evite hacer actos malos y trate de andar derecho. Habla de presido. No viaje.

Hágase ebbo (límpiese). Tiene que hacerle santo a un hijo. Cuidado no le descubran lo que usted hace. Nunca diga que usted sabe todo.

En este oddu de los caracoles sea {el diloggun}, póngale corona a Elleggua. No vista igual a nadie. Evite líos amorosos. Respete las mujeres casadas. Cuidado con lo que come. Evite chisme y no aclare problemas de nadie ni diga las cosas suyas a nadie. No discuta con su mujer ni con niños. Ni sea abusivo con sus semejantes, no viaje por ahora, cuídese de traiciones. Pues lo pueden vender y descubrir sus secretos y lo que hace tenga en cuenta que iroso eyila es hoyo y candela viva y si sale con Osogbo mal, es que usted que está más caliente que el fondo de la hoya. Mas, chango cuando dice no jugar no juega, cavio sile ilumina. Aquí habla Chango, Agallu, Olocun y Los Ibeyis (gemelos) (Ibeyis). Los Ibeyis y dada. Amen, ya lo saben que aprender es de sabios y la candela siempre quema, mas dice chango que en son de guerra el soldado no duerme.

OCHE SANGRE QUE CORRE POR LAS VENAS

De este oddu eche es la equivalencia de la vida el ache la gracia, la sangre que corre por las venas. Signo de envidia maldición y brujería donde se manifiesta ochun Yalorde la ninfa del amor

Mayugbba rezo
Ache maluco otonogua locuo
Ache maluco lodafun acancampo
Ton loriilumena ogguo
Omoibba Yalorde abba
Ache ocua, Ashe elletoba locuo faude
Iballe degua undo tongose ilalodafun
Fonde alle illa saraunde reoosicanican
Obba, cheque, cheque, fonde

Oche No. 5
Sangre Que Corre Por Las venas

Hermanos lagua lagua omorishas al yo Ochun Alamace referirme a este de oche les explicó el por qué del bien se desprende de nuestras vidas y cuando el mal siempre nos ataca cuando menos lo esperamos, tal vez la envidia que mata, la brujería que aniquila, o la desobediencia cuando no obedecemos las advertencias de los Orishas deidades dentro de sus consejos, sea tratas de consultas, o de sueño de los cuales ni caso le hacemos.

Algo que entra dentro del ruedo de esta religión del Santoral Yoruba la cual nos da ventaja de las advertencias como el guía de lo que puede venir. Ya que cuando llueve el río crece y la pata por no quererse alejarse del río, la corriente le llevo la cría y por eso se come más huevos de gallina que de pata.

Letra en donde es la liberación de la esclavitud, de la liberación de los grilletes y la sangre que corre por las venas, la confabulación de los pájaros en contra del loro africano {funde}. La letra de los foche la brujería los polvos maléficos, la envidia, la maldición, la guerra, de familia y la separaciones desacuerdos en donde la aguja pasa primero que el hilo y es de salvar los hijos de la maldición. En la cual dice Yalorde Ochun que ella ara la guerra por usted y por más que hablen apóyese en los Orishas especialmente de Ochun la Caridad del Cobre.

Por lo tanto dice para los hijos de este que tengan en cuenta, que esta es la sangre que corre por las venas, desplantes, desacuerdos familiares, envidia enfermedades del vientre pleitos sin resolver y hasta muerto parado; del cual se la quiere llevar algo que dice Oche, que la aguja pasa primero que el hilo que si agua no cae maíz no crece.

Por lo tanto, lo que ustedes le deben a los Orishas o a los muertos, págueselo y así saldrá de deudas y así lo dice oche oddi 5 \7. Por lo tanto dice el de oche {5}, que si usted cree que la guerra del pasado se termino déjese de pensar así. Ya que este habla de confabulación en su contra y le pueden tender una trampa, de hasta ir preso. Aun mas Omorishas, ustedes no debe empeñar oro o algo con valor sentimental, pues de seguro lo perderán.

Dice que en este de oche {5} que no se puede hacer abortos ni llevar a nadie que se lo haga. Dice este de oche que la suerte de su vida viene y va pues no le diga su cosa ni sus sueños o asuntos a nadie. Por lo tanto dele de comer a Ochun la Caridad del Cobre báñese con plantas dulce, flores, perfumes. Dice que dentro de su casa entra una persona que la envidia y lo quiere saber todo y le hace brujería echándole polvos malos {foche}.

Aun mas hermanos de la fe lagua lagua, no viaje sin antes limpiarse no reniegue atienda los muertos los Orishas y juegue que la suerte puede sorprenderla pero si sale encinta jamás puede abortar. Ya que le traerá malas consecuencias.

Por lo tanto procure alejarse de fiestas y bochinches y entrégueselo todo a Ochun la Caridad del obre, por lo es preferible tener un loro africano o las plumas o un canario. Incluso en este se debe limpiar la casa y echarse cinco baños con hierva dulce {orozun} miel y abre camino. Ya que esta letra oddu de los caracoles tiene su ebbo sea limpia o sacrificio de los cuales se debe preguntar:

Ebbo
Dele dos gallinas a ochun
Ponerle paneteras y cinco canatiel
Pescado con miel por untado y manteca de corojo
Por el otro hervido el pescado
Limpiarse con calabaza
Baños de flores blancas y amarillas
Hacerle una misa espiritual a uno de sus mayores.

OCHE/OCANA No. 5-1
Infección De La Sangre

Oche/Ocana dele muchas gracias a Ochun por un bien que ella le ha hecho. Dice que usted tiene un enemigo que le quiere hacer daño. Habla de enemigo colorado. Dice este oddu, que la gente la envidia y que la persona que usted tiene no le conviene. Ochun la Caridad del cobre le traería la persona de su vida. Habla de dolores estomágales, ulceras, brujería y confabulación en su contra. Hágale una misa a un difunto familiar. Dice que usted se tiene que cuidar de los hijos de ella. Usted tiene que hacer santo para su bienestar. Sus enemigos en vez de hacerle mal, le hacen un bien. Dice que su suerte le vendrá. Hágale algo a Ochun para que su suerte cambie. No haga viaje por ahora.

Este habla de confabulación de envidia en su contra de brujería de enfermedades en la sangre de muerto oscuro de embaición, de dolores en las piernas y de estomago de diabetes y colesterol, sea de todo lo que tiene que ver con la sangre y de las infecciones. Por lo tanto es de importancia ir al médico además hacer misa espirituales y atender los Orishas habla ochun la virgen de caridad del cobre Elleggua obatala Agallu y Olocun

OCHE/ELLIOCO No. 5-2
Santo Condena Sangre

Este signo oddu del oráculo de los caracoles sea {el diloggun}, habla de mudanzas y cambios en su vida. Habla de persona enferma en su familia. Dice que usted tiene una guerra pasada que no ha terminado. Habla de mal de dolores en las pierna, calambre y mala circulación. Usted tiene que cuidarse de persona familiar o de santo, que le quiere hacer mal. Habla de envida y brujería.

Dice Oche Eyioco que no trate de tener líos con los hijos de Ochun. Manténgalos lejos para evitar problemas. Hágales misa a los muertos familiares. Usted es más fuerte que su enemigo. Págale a Ochun lo que le debe. Cambie los muebles de lugar dentro de su cosa. Usted tiene que respetar las mujeres de familia y de santo, ya que esto le puede traer líos.

No coma calabaza, boniato, ni huevos, ni bañarse en el río. Para su propio bienestar. Este signo oddu de los caracoles sea {el diloggun} habla de prisión en donde Ochosi se condeno el mismo por hacer justicia. Así que no quiera hacer justicia con sus manos déjeselo a los Orishas. Habla de tambor y si la persona que se está registrando, consultando no tiene santo coronado, lo más que le conviene en la vida es hacerlo. Tiene que atender el muerto y los Orishas habla ochun, Ochosi, Elleggua, los Ibeyis. Obatala. Amen atienda a ochun la caridad del cobre

OCHE/OGUNDA No. 5-3
Revoluciones En El Hogar

En esta letra oddu del oráculo de los caracoles, dice que usted no busque pleitos con los hijos de la Caridad del Cobre (Ochun). Usted tiene que cuidarse de infecciones, veneráis, ulcera, hincados, tétano y puede usted sangrar por la ulceras. Dice que usted tuvo hace tiempo una discusión y pelea con una persona colorada. Este pleito no ha terminado. Pues su enemigo quiere acabar con usted, habla revolución en la casa, de persona que se tiene que coronar santo para la salvación.

Mas dice este oddu letra de los caracoles sea {el diloggun} que no tema, pues el mal que le desean a usted, se le convierte en bien.

Dele gracia a la Caridad del Cobre y darle de comer para vencer a sus enemigos si tiene santo. De lo contrario, tiene que hacer santo. Dice que usted evite pleitos con los hijos de Ochun.

Trátelos de lejos haga ebbo (limpiase) su casa. No coma calabaza ni nada que camine para atrás como los cangrejos y camarones. No maltrates a su señora ni a los niños. Guarde sus secretos solo para usted. Ya que la envidia mata y de eso está este oddu lleno de gente llena de envidia. Por lo tanto esto habla de alguien que tiene que hacerse santo en su casa, puede ser hijo o hija, aquí habla ochun Elleggua Oggun Yemaya obatala.

OCHE/IRISO No. 5-4
Desatendido Adeuda

Este signo (oddu) de los caracoles {el diloggun}'" habla de personas nerviosas. Es donde dice Ochun que si agua no corre, maíz no crece. Dice este que Lo que le deba al santo, que sea de promesas, páguelas. Evite pleitos con los hijos de Ochun. En este signo, la persona que está con usted no le conviene ya que más adelante Olofi (Dios) y los Orishas le traerán a su vida lo que le conviene de seguro este signo letra de los caracoles habla diciendo que si agua no cae maíz no crece. Mas haciéndose un collar de maíz le puede venir de bien, ya que cuando se tiene un jardín y no se rosea se seca.

Hágale Adimuse ofrendas a Ochun la caridad del cobre, póngale una calabaza. No guarde nada de nadie en su casa para evitar problemas. No se siente en la mesa con muchas personas de Orishas. Cuidase de trampa. A usted le hacen brujería y lo envidian. Hágale misa a un ser familiar muerto. Tenga un altar espiritual. Respete a las mujeres sea de familia como de santo. Hágale un collar de maíz. Cuidase de Omorishas (Santeros) que le pueden hacer una trampa en su camino no le revele sus secretos a nadie, ya que la gente la envidia hasta sin tener nada pero ochun la quiere. Santos que hablan ochun Elleggua Yemaya obatala y los {Egun} muertos. Y oba y dada.

OCHE MELLI No. 5-5
Apresamientos De Santo

Dice este oddu de los caracoles el diloggun, que antes que lo aprese la justicia, que lo aprese el santo. Habla de prisión, grilletes, traición de sangre que corre por las venas, enfermedades veneráis y descompuesto el estomago. Dice que usted si no tiene santo hecho, lo tiene que hacer para evitar tropiezos en su comino. A usted le quieren hacer daño sea familia como Santeros. Dice Ochun, que algo malo que usted ha hecho en su pasado se le puede descubrir y pasar por un bochorno. Evite pleitos con la justicia y con los hijos de Ochun. Dice que usted tiene que cambiar, mover todo en su casa y baldearla con plantas y sahumerio.

Dice este oddu letra de los caracoles {el diloggun}: que Puede haber al quien enfermo en su cosa. Además de usted, visite al médico lo más pronto posible, ya que aro macuto {la enfermedad} no juega con nadie y el mal a tiempo tiene remedio si descubre a tiempo. Por lo tanto este signo letra de Oche melli 5\ 5 la persona que se está mirando en la consulta está preso en el santo para su propia salvación. Ya que los {Orishas} Orishas así lo marcan en esta letra y es quitarse los grilletes para ser libre en la vida. Santos que hablan ochun Elleggua obatala chango y oba

OCHE/OBARA No. 5-6
Desacuerdos Borrachos

Dice este oddu del oráculo de los caracoles {diloggun}, dice que una cosa piensa el borracho y otra piensa el bodeguero. Preste atención, evite pleitos y discusiones en su hogar. Usted se puede enfermar del estomago de ulceras. Usted debe tener en su puerta dos cuchillos en forma de una cruz. No parta por la primera ni impulso. Usted es como el peje que muere por la boca. No come lo que no puede comer. Evite las bebidas alcohólicas.

Dice este oddu que la compañera que usted tiene no le conviene. Que el zapato que usted se quita no se lo puede poner. Algo nuevo viene para su vida. Dice que le tiene que hacer misa a ser familiar muerto, también de un muerto oscuro en su camino. No discuta con su compañera. Se debe hacer santo limpie de la casa con bledo. Cuídate de embarazo. Niño a la puerta este signo no se puede abusar de la bebida ni de los vicio. Este oddu de oche Bara 5\6 habla de personas de diferentes caracteres y de opiniones diferentes. Ya que una cosa piensa el borracho y otra piensa el bodeguero. Por eso es, que esta letra al salir, es partir las diferencias de personas, que a la larga no congenian para nada. Santos que hablan ochun chango obatala Orula. nota para los sábelo todo Orishas en personas las letras pueden variar, pero las letras de las mañas es la sabiduría que no miente amen aleluya. Verdad oluwo.

OCHE/OLDI No. 5-7
Deuda Pendiente

Esta letra oddu de los caracoles {diloggun} dice que el que debe y paga absuelto queda. Bien dicho este refrán, ya que muchos piden y piden y le deben a cada santo una vela. Dice Ochun, que usted tiene atrás enemigo que usted cree que ha terminado el pleito. Todavía insiste en hacer le daño, pero en vez de mal solo le están haciendo un bien. Hágale algo a Ochun para que salga adelante. Ya que con su bendición y la de los muertos obtendrá todo.

Este oddu letra de los caracoles {el diloggun}, habla como hijo de las dos aguas el rió y el mar. Por un lado Ochun y por el otro lado Yemaya. Usted tiene que mudarse o mover todo en su hogar. Habla de enfermedades de las piernas, el estomago y los nervios. Chequease con el médico para que no le vengan infecciones en la sangre. Evite pleitos con la justicia.

Dice que se cuide de algún santero que visita su casa que le quiere hacer daño. Dice que usted se debe refrescar su cabeza por siete días con agua fresca. Usted muchas veces no cree y por eso son sus atrasos. Ruéguele a Yemaya y no parta por la primera ni con violencia. Habla de embarazo cría. Por lo tanto no se puede abortar. Tiene que pedirle a INLE y a Ochosi atender los Orishas y los muertos. Santos que hablan ochun Yemaya INLE Ochosi Elleggua y obatala. Siente a Elleggua en arena de donde desemboca el rió y dele de comer. Ya me contaran de este ebbo ofrenda. Amen habla in la san Rafael el médico divino

OCHE/ELLEUNLE No. 5-8
Mentiroso

Usted le debe dar gracias a los {Orishas} Orishas, valor por todo lo bueno que ellos le han dado. No reniegue ni maldiga solo por ver atraso pues la conformidad es un don divino que se debe valorar. Este signo (Oduu) de los caracoles {el diloggun} le habla de persona mentirosa. Usted tiene un muerto oscuro que se la quiere llevar a usted. La envidian todos, aunque no tenga nada. Usted ha sufrido mucho en esta vida. Tiene familia y no la tiene. No permita a nadie en su casa que se quede, ni le revele sus secretos a nadie.

Dice este oddu que Evite pleitos. Este signo habla de enfermedades veneráis. Límpiese con una calabaza. Use una franja amarilla en su cintura. En este signo habla comida agria y comida dulce y así es su vida. A veces ríe y otras veces llora. Obatala lo protege a usted. Dice que tiene que respetar los mayores. Hacerse santo y recibe a Oba para su bienestar. En este mundo, dice que nadie sabe el bien que tiene hasta que lo pierde. Habla de mentiras y mentiras santas {Orishas}, que hablan Ochun y Obatala. Oba, INLE eleggua

OCHE/OSA No. 5-9
Bendición De Los Orishas

Buen hijo tiene bendiciones de Dios y de su mama en el cielo. Dice esta letra que tenga cuenta con una enfermedad que se tiene que hacer ebbo (limpiase), porque alguien le quiere hacer daño para que usted sea infeliz en toda su vida. Dice que usted está atravesando por situaciones muy difíciles de chismes y enemigos ocultos. No averigüe chismes ni se meta en pleitos. Dice este que usted le cuesta trabajos las cosas y siempre tiene líos en el amor. Cuidase de robos. A usted le trabajan con prenda mayombe.

Pero, usted es muy espiritual desde su nacimiento. No sea cabeza dura. Atienda sus Orishas y muertos. Ya Que aunque tenga bendiciones de todos los Orishas no es para que se descuide, ya que los enemigos en este oddu de oche osa, son gratuitos y el que sabe de guerras no se acueste a dormir en el combate, ya que después de una calma puede venir una tormenta y el viento nunca se sabe de dónde sopla y amigo de hoy enemigo de mañana

Habla Ochun, Oya y Agallu, obatala, Yemaya y los muertos.

OCHE/FIN No. 5-10
Brujerías Maldición Familiar

Dice este oddu en los caracoles que santo lo rescata del muerto dice este (letra) de los caracoles {el diloggun} que tenga mucha cuenta. Pues habla de enfermedad y de lo interno. También habla de embarazo. A usted le echan maldiciones para que no adelante en la vida. Usted es nerviosa. No se levante cuando este comiendo. Usted no debe ver los secretos de nadie. Especialmente de prendas muertos. Tiene que cuidarse de enfermedades y veneráis. No se puede hacer abortos. Su intranquilidad la puede matar.

Este Habla de camino trancado y tropiezos y hasta paralización de astros. En esta la vida se determina de acuerdo a lo que se debe hacer en la religión, para la salvación de la persona que se está consultando en hacer santo para bienestar. Debido, que al decir que el santo, lo rescata, estaría demás dudar de su propio ángel guardián, que viene por su auxilio.

Aburres Igguoros lagua lagua omorishas santeros y fieles creyentes de de este legado religioso. Así es la santería dentro del oráculo de adivinación y la interpretación de los llamados de los Orishas en sus mensajes los cuales interpretan, oréate obas sacerdotes mayores que en las lecturas interpretan el oráculo de adivinación de los caracoles, el mensaje de lo que los Orishas {Orishas} quieren hablar por sus hijos en la tierra. Oche\ fin.} 5\ 10, es rescate de los males. Santos que hablan ochun obatala Orula ardua oya san Lázaro

Habla Ochun, Obatala, Orula y Asoano. Pídale mucho a Ochun.

Y los Orishas para una recuperación de bienes perdidos los cuales sui hace las cosas bien de seguro vencerá y recuperara lo que se cree perdido y digan amen y sigamos con las lecciones de la santería.

OCHE/Ojuani CHOBE No. 5-11
Fracasos Pleitos

Dice que usted tiene que respetar los mayores. Este signo habla de enemigos ocultos donde quieren acabar con usted haciéndole brujerías y trabajos malos. Dice que usted no parta por la primera. Evite tener pleitos con la justicia porque puede ir preso. A usted le quieren tender una trampa. Usted se encuentra enfermo del vientre. Usted no se encuentra tranquila en su hogar. No tiene paz y es por eso que se quiere ir lejos. Cuidarse de una fiesta y no tome nada de nadie. Cuidarse de perfumes o polvos de hechicería. Evite hacerse abortos. Páguele a Ochun si le debe algo. Las personas de color pueden ser sus enemigas. No diga nada de su vida. Habla Ochun, Elleggua, Chango, jimaguas ibellis, INLE y Orula.

Los cuales les dicen que este oddu en compasión es Ojuani doble melli, ya que a oche le pare Ojuani letra de ruinas, fracaso, tropiezos mal genio, ínfula de guapo. Creerse invencible, maldiciente, abusivo, porfiado e incrédulo, desobediente. Ya que la acción de lo malo mas solo es por el comportamiento de la persona donde eshu, legba elleggua lo mismo lo acaricia y luego lo manda ya usted sabe para donde mas dice Yemaya en Ojuani que el que recoge agua con canasta rota nunca llena su tinaja lo mismo que el que nada en la arena

OCHE/EYILA No. 5-12
Candelas Desobediencia

Este de los caracoles {el diloggun} habla de líos y problemas en su casa, desvarete y violencia. Dice que usted vive incomodado todo en la vida. Evite usar la fuerza y no abuse de nadie. Tiene líos que no sabe cómo lidiar con ellos. Dice de muchos contra tiempos. Dice que usted se puede quedar impotente. Dice que usted tiene que tener cuenta con quien anda y con quien trata. Porque se puede ver en vuelto con la justicia si no hace caso.

Dice este oddu de los caracoles {el diloggun}, Oiga los consejos y no se burle de los mayores. Evite pleitos con los hijos de Chango. Trátelos de lejos. A usted le están haciendo brujería conga. Tenga cuidado con la candela y no juegue con ella para que no se queme. No firme nada sin haber leído lo que firma. No preste nada para evitar problemas. Dice que tenga en cuenta que son de guerra el soldado no duerme y menos cuando las casas están caliente como lo marca este oddu de oche eyila 5\12. Del cual chango dice que Este está caliente con él y que el que juega con fuego, siempre se quema. Atienda los Orishas ruéguele a obatala y vista de blanco y no viaje, ni permita en su hogar vicios:

Santos que hablan Ochun, Chango, Agallu, Elleggua, Obatala y Orula. Dada, oba. Amen y sigamos con el otro oddu que viene.

Obara {6} Rey No Miente
Mayugbba Rezo
Oni, Bara, Elle vare elle Bara oeste afellule lodafun elefetun olalla Oshun

De este de obara donde dice chango que rey no miente, vendría ciento la verdad. ya que el mentirse a uno mismo es vivir en el engaño y por otro lado de este dice el mismo chango que en son de guerra el soldado no duerme y por el otro lado dice que una buena lengua salva a un pueblo y una mala lo destruye palabra cierta.

Ya que las indecisiones de este signo es no mentir como cuando chango le dijo a obatala que él se había comido la presa que caso mientras eleggua y Oggun lo negaron ante baba dice chango en este que aunque usted diga mil verdades, aunque siempre habrá la duda de lo que ustedes dicen pero manténgase sin discutir.

Ya que es parte de este signo de los caracoles el diloggun en esta religión de la santería. Por lo tanto dice esta letra oddu de los caracoles que no le diga sueños, ni sus secretos a nadie, ya que su suerte y su ache lo pueden perder. Dice que si no tiene santo hecha hágalo para su bienestar de su vida en tener el ache la gracia de los Orishas y recostarse de chango santa bárbara vendita.

Ya que puede ser alguien grande dentro de la religión del santoral yoruba y llegar a ser oluwo bacalao sacerdote mayor, pero tiene que evitar los vicios y la bebida y las fiestas, las parrandas. Dice el signo de obara que usted está destinado a ser un rey si usa su cabeza. Aun más ya que este signo letra oddu de obara es ser comerciante de naturaleza de riquezas, pero como este ordun es de indecisiones de las cuales los hijos de chango o de este son como el perro de las cuatro patas que quieren coger cuatro caminos y por eso que muchas beses las indecisiones los destruyen en lo que se proponen

Dice este de obara que nunca le diga a nadie para donde va ni de dónde viene, ya que este signo de obara es candela y no lo vallan a sorprender en el camino y si lo envidan a salir de viaje tenga cuenta con una trampa que le piensan hacer, entre los que dicen ser sus amigos. Por eso es mejor precaver que tener que remediar esto incluye hasta familia. Ya que el ratón es amigo del queso y se lo come y no hay peor cuña que la del mismo palo. Por eso en este dice chango que rey no miente amen aleluya y ojo con el gato precaución Igguoros homérica santeros que ser adivino y Sabio es el ache, la gracia del Sabio en vida Amen

Santos que hablan chango ochun Orula eleggua Agallu obatala

OBARA/OCANA No. 6-1
Desobediencias Cabeza Dura

Dice este de los caracoles {el diloggun} que tenga cuenta con líos emocionales. Dice que usted es enamorado y algo se le puede descubrir cuando menos usted lo espere. Cuidase de la candela y de una trampa que le están tendiendo. Dice que usted evite ir al cementerio y a ver persona moribunda. Dice que no sea curioso por eso puede padecer. Dice que la bebida es su peor enemigo. Dice que un espíritu oscuro se lo quiere llevar. Dice que respete lo ajeno para evitar problemas. Habla de brujería que le están haciendo. Habla de enemigos ocultos en la sombra.

Este oddu de obara ocana 6\ 1 en los caracoles sea {el diloggun}, es persecución, flechas, desunión, inducciones, fracasos, muchas beses por el mal comportamiento de conducta de las personas que le sale este oddu en los caracoles {el diloggun}. Ya que los actos vicios son perjudiciales y en este oddu la bebida es prohibida, ya que se pierde la cabeza para los hijos de chango que por lo general habla en este de obara. Ya que el mismo dice que una cosa piensa el borracho y otra el bodeguero. Santos que hablan en obara ocana Chango, Ochun, Orula y Obatala.

OBARA/EYIOCO No. 6-2
Guerra Entre Reyes

En este oddu de Obara/Eyioco en los {registros} consultas de los caracoles {el diloggun}, que tenga cuenta que no vaya a ir preso. Que usted no está atendiendo un OTAN (piedra) de santo. Que por eso todo le sale mal hasta dentro de su casa. Es tanto así, que hasta la puede perder. Dice que no reniegue ni maldiga tanto. Dice que le no le revele sus secretos a nadie, ni diga para donde va. Tenga cuidado con la candela. Habla de viaje y de brujería que le está haciendo. Tenga respeto a los mayores. Este le habla de acusaciones falsas en su contra. También habla de justicia y persecución y envidia.

Dice Chango en este de obara eyecto, que tenga mucha precaución al firmar papeles y de negocios fatulo y fuera de la ley. No tome bebidas alcohólica porque le pueden causar problemas, disgusto y fracaso. Cuidarse del vientre. Dice este que siempre diga la verdad aunque le duela a quien le duela, ya que usted no debe permitir vicios en su casa ni nada ilícito. Dice chango en este que tiene que atender los Orishas y los muertos y vestir de blanco y refrescarse la cabeza con plantas frescas. Santos que Hablan, en este, Chango, Ochun, Orula, Obatala, Elleggua y Ochosi.

OBARA/OGUNDA No. 6-3
Sangre Revolución

Dice esta letra oddu de los caracoles {el diloggun} que Ochosi, la justicia le puede apresar a usted. Le están sucediendo muchos agobios, fracasos y hasta puede ir a una operación. Dice que no pelee ni discuta tanto con familia de santo y familiar. Aquí en este le puede suceder una tragedia. Habla de sangre. Evite las armas de fuego. No discuta. Este habla de ronquillas, problemas y hasta de hacerle daño a una persona enemigo. Evite encuentros para que no valle preso. Tenga mucho cuidado, pues le pueden tener una trampa para perjudicarlo.

Dice este oddu que Evite parase en las esquina ni en fiestas de bebida. Evite guardar cosas de otras personas en su cosa. Usted huele a sangre. No salga por tres días. Limpiase y haga ebbo. Refréscate su cuerpo y su casa. Limpiase con carne y manteca con corojo. Y no haga justicia con sus manos, ni use la violencia con sus semejantes y no puede tener armas de fuegos. Ya que usted tiene una ronquilla con alguien y lo quiere agredir tenga mucha cuenta, ya que puede ir preso. Ya que la persona que le salga este lo pueden estar, velando. Por eso tiene que hacer ovo, limpieza, con carne de res y manteca de corojo y vestirse de blanco Orishas que hablan, Chango, Ochun, Oggun, Elleggua y Obatala y yamaya. Amen rey no miente

OBARA/IRISO No. 6-4
Herencias Papeles

Dice esta letra oddu en los caracoles {el diloggun}, traición, engaño, enfermedad, problemas sentimentales, líos y mala lengua. Dice que usted no sea abusivo con su compañera ni la maltrate verbalmente. Esta letra habla que el mal y las discusiones son la causa de tantos problemas. Evite renegar del santo y que atienda a Elleggua. Esta letra dice que por su mala cabeza, usted puede ir preso. Dice que usted siempre está en una guerra has con usted misma.

Por lo tanto dice este oddu, que guarde sus secretos bien, pues se le pueden descubrir. No le diga a nadie para dónde vas, ni de dónde vienes pues dice chango, que el tigre que deja huellas siempre lo casan. Por eso en este se tiene uno que cuidar lo que hace. Ya que lo pueden acusar de algo que otro rompió el plato y usted pagar por la vajilla completa. Pues el enemigo le puede tener una trampa hasta mortal. Evite pleitos y no parte por la primera. Habla de enfermos en su familia. Atienda los Orishas. No maldiga y atienda lo espiritual. Habla Chango, Obatala, Agallu, Yegua, Elleggua y Dada.

OBARA/OCHE No. 6-5
Botar Lo Que No Sirve

Este oddu dice, para fuera, para el patio, lo que no sirve se vota algo muy común. Pero el que no cojee consejo no llega a viejo y existen personas, como canuto que entre más viejos más bruto, que no quieren saltar la presa por nada y esto es lo que dice este de obara Oche al decir que lo que no sirve se vota. Habla de Dos personas que no piensan igual, indicciones, problemas, enfermedad del estomago o la sangre. Dice que usted vive descontento con todo lo que lo rodea. Dice que sus pensamientos no lo dejan tranquilo. Dice que usted tiene enemigos que le hacen mal por brujería.

Dice chango en este que Después que usted se mude o haga un viaje, usted va a cambiar, pero primero tiene que hacer ebbo (limpiase) para que todo lo malo se queda atrás. Usted puede está padeciendo de todo lo malo por el mal de brujería. Si es mujer, no puede hacerse abortos. Si es hombre, puede quedarse impotente. Evite chisme y no le diga a nadie de sus secretos, para que no se le descubra algo malo del pasado y valla a pasar un bochorno. No quiera saberlo todo, ya que el maestro siempre sabe más que el aprendiz Y la codorniz de tanto saber duerme en el piso Habla Chango, Ochun, Orula, Elleggua y Obatala.

OBARA MELLI No. 6-6
Comida Agria Disgustos

Esta letra oddu de los caracoles habla de mentira, traición y trampas lengua mala chismes líos desacuerdos peleas guerras pleitos por lo tanto evite los problemas, ya que puede ir hasta preso. Dice este de obara melli comida agria en la vida del que se está consultando. Que no usé armas de fuego para evitar la justicia porque puede ir preso y sin fianza. Esta letra habla de diferentes caminos, ya que la persona puede a llegar a ser Oluo Babalao palero santero rey de la religión si usa la cabeza bien en la vida, que por lo general son sabios los hijos de este oddu que habla chango de lleno.

Dice este oddu que sus enemigos le envidian y lo quieren destronar. Dice que los desacuerdos, tanto de familia como de santo, siempre están en guerra para las personas de este oddu. Dice que tenga cuidado con vicios, ya que le pueden causar un bochorno en su vida.

Evite la bebida alcohólica. Esta letra habla de riquezas o pobrezas, negocio y hasta de la ruleta de la fortuna. Por eso es que tiene que asentar su cabeza para que todo el bien llegue a su vida. Usted nació para sabio siempre y cuando asiente su cabeza. Ponga la práctica del bien y así sus enemigo se destruirán entre ellos. No parta cocos y atienda a Ochun y los muertos. No coma carne a la brasa, ni vista de rojo, ya que a Obara {6} nace de Eyila {12} cántela pura y una buena lengua salva a un pueblo y otra mala lo destruye. Habla Chango, Orula, Obatala, Ochun y Eleggua. Amen que aprender es de sabios Obara.

Indecisiones De Camino No. 6-7

Dice este oddu en los caracoles el diloggun que el perro aunque tenga cuatro pata, debe coger un solo camino. Signo de la indecisión de lo que se quiere en la vida. Porque dice este que te peinas o te haces rolos o te quedas con ojos negros o ojos clorados. Ya que este oddu es de indeciciones en la vida y esto es el error de no lograr las cosas. Ya que todo el que quiere asar dos lechones a la misma vez siempre se le quema uno.

Este oddu de obara Oldi 6\ 7 tiene lo que en si uno quiere ser y nada más y no se puede comer fumar y hablar a la misma ves. Por lo tanto, tiene que poner los pies sobre la tierra y definir lo que uno quiere para lograr las metas. Obara Oldi es para adelante o para atrás, dentro de las indeciciones. Evite chismes no trate de averiguar lo de otras persona. Decida lo mejor para su vida; pues todo tiene un límite de tolerancia y este letra es buena siempre y cuando la hagas así. Ya que es letra de negocios de reyes de sabiduría, por lo tanto atienda el Santo y los muertos Orishas que hablan, Chango, Ochun, Eleggua, Orula, Obatala. No partir coco usar collar de peonías.

OBARA/UNLE No. 6-8
Mal Agradecido Con Los Orishas

Dice Obara/Unle que no sea curioso y que yo tenga cuenta cuando usted hable algo, ya que aquí las paredes tienen oído. Cuidase de la cabeza. No piense tanto, se puede quedar loco. Usted nació para cabeza, pero si la sabe húsar. El bien del mundo le vendrá aquí en el Santo si usa la cabeza. Por lo tanto, no puede ser mal agradecido en la vida y respetar los mayores. Dice que muchas veces se siente mal de su estomago incompuesto. Evite ser curioso. No se desea la muerte ni reniegue. Ya que en su vida usted no muere sin casa y bienes.

No revele lo que sueñas, ni los hable con nadie por su bien. Respete a los mayores para que pueda progresar. Usted nació para ser espiritista y los espíritus que le revelan cosas en los sueños. No sea desobediente. Oiga los consejos y atienda los Orishas y los muertos. Este dice que tenga cuenta a quien lleva a su casa y le da albergue. Ya que puede entrar por arrimado y querer salir por dueño y no levante a nadie del piso, pues él se levantara y usted se caerá y sacar al tigre del hoyo es muy peligroso en la vida Habla Chango, Obatala y Ochun. El que come hueso satisfacción para su garganta cuando el hueso se le atraviese.

Santos que hablan, Chango, Ochun, Oba, Agallu, Orula y Obatala. Amen

Que aprender es de sabios.

OBARA/OSA No. 6-9
Loco Fingido Porfiado

Dice este Obara/Osa, que usted no es loco y ni se haga el loco. Dice que usted se cree muy listo, pero no es así. Habla de persona mentiroso que se cree sabio. Dice que le de gracia a Chango y a Ochun por salvarlo. Que si le debe algo de promesa, la pague. No quiera saberlo todo ni averigüe secretos ajenos. Pues por esto le puede ir muy mal. Ponga atención a los espíritu y al los Orishas. Si es mujer, esta próvido hacer aborto. Si es hombre, cuidado con sus partes privado.

Pues pueden hacerle un trabajo para su naturaleza y quedar impotente. No guarde nada de nadie. Dice que usted está lleno de enemigo. Cuidase de alguien que visita su casa con malas intenciones para echarle polvo de brujería. Habla de desacuerdo en su familia y guerras con otros. Atienda los espíritus para que triunfe, ya que usted nació para ser espiritista. Habla Chango, Agallu, Ochun, Ellegua, Obatala y Oya. Ya el loco no estaba tan loco como fingía, ya que cuando el fuego empezó, el primero que salió corriendo fue el loco y la persona que se está consultando, no es tan loco como se hace, atedia su santo y los muertos para salir de aprietos dice Chango.

OBARA/OFUN No. 6-10
Presidio Enfermedad

En esta letra oddu Obara/Ofun, dice que usted por sus rabias y coraje, le puede venir una embolia y quedar paralizada. No se encomendé. Por todo, no sea curioso. No sea haga aborto. Respete a los mayores. Evite bebidas alcohólicas porque puede perder su cabeza. No quiera saber los secretos ajenos. Usted nació para ser espiritista. Pero usted reniega mucho y muchas veces. Usted no cree en los Orishas. Dice que cuando usted levanta a alguien, usted se cae. Evite los malos pensamientos. A usted le gustan las cosas ajenas y hasta los hombres ajenos.

Si es hombre es lo mismo. Usted nació para ser espiritista. Dice que usted comparte con gente que dicen ser sus amigos y son los peores enemigos. A usted, nadie le agradece nada, tanto particulares como su familia. Habla de fenómenos y niños enfermos. No malgaste su dinero ni lo regale ni cuide niños ajenos. Habla Chango, Agallu, Orula Elleggua y Obatala. Signo letra de fenómenos de parte de Ofun 10 y candela por obara así que mucha precaución muerto parado esperando un descuido. Santos que hablan Chango, Orula, Obatala, San Lazaro Yegua.

OBARA/Ojuani No. 6-11
La Candela Y Fracasos

Dice este oddu Obara/Ojuani Chobe, habla de mala cabeza, mal genio y malas intenciones. Evites pleitos tanto con amorosos y con familia. Dice Obara/Ojuani Chobe, que usted está a punto de perderlo todo casa y bienes. Evite actos impropios, vicios, respete lo ajeno y evite lo malo. Dice que a usted le han hecho cosas mal hechas. Sin fundamento, es signo habla de trampas.

Evite pleitos con la justicia. No guarde nada que lo pueda perjudicar. Habla de enfermo mental en su familia. Dice esta letra que usted tiene un gran resentimiento con un ser familiar. No use la violencia ni maltrate a su compañera. Aquí habla de persona espiritual o de palo. Habla de ve espíritu oscuro en su camino. Este oddu, usted tiene que evitar pleitos porque lo pueden herir.

Aquí habla Chango, Ochun, Elleggua y Obatala, Yemaya. Letra de advertencias de tropiezos mal genio, persona que le gusta la discusión y creerse que todo lo sabe y obara es ruinas pérdidas totales presidió. Ya que obara en compasión es mala lengua por lo tanto así es esta combinación de obra Ojuani 6\ 11 así que mucha precaución, que aquí en Ojuani el que recoge agua con tinaja rota no llena su cántaro dice Yemaya amen aleluya que aprender es de savias. {No se rían}?

OBARA/EYILA No. 6-12
Fuego Guerra Brujería

Dice Chango por su boca, que usted está más caliente que la hoya. Por lo tanto, evite por todos los medios, pleitos, porque puede hasta encontrar la muerte o un presidio. Dice que usted respete los Orishas. Ya que usted es un irrespetuoso hasta con las persona mayores que solo quieren su bien. Dice que usted se cree que todo lo sabe y por eso pasa tantos trabajos. A usted le gustan los actos impropios y no respeta a nadie. No juegue de mano. No parta por la primera. Por eso Chango le dice, que está en candela.

Ya que Esta letra habla de pérdidas de hogar y de negocio. Dice que usted tiene que aplacarse en su vida. No se incrédulo. No se meta en pleitos ajenos porque lo pueden herir. Evite confrontaciones. Dice que usted tiene la cabeza caliente y se le pueden descubrir sus fechorías. Dice este oddu que alguien del pasado lo maldice y le echa brujería. Atienda los Orishas para poder salir bien en el futuro. Habla Chango, Agallu dada Obatala, Ochun, Yema y Elleggua. Amen y sigamos con el otro oddu

OLDI/OCANA No. 7-1
Traiciones En Camino

Dice Oldi/Ocana, que al usted tiene que atender al Santo y los muertos. Vivirá cómodo toda la vida, ya que su bendición es la gracia para el que le salga. Este, si no tiene collares ni guerreros, tiene que recíbelos ya que usted es muy envidiada. Esta letra habla de enfermo en la familia que puede ser su mama. Darle de comer al caño a Yemaya. Este signo habla de traición. Evite líos amorosos. Entre tres, usted ve cosas. Cuidado con la justicia. Habla de persecución.

Dice que usted no reniegue ni maldiga. Respete los mayores. No le pegue a los niños ni los maltrata. A usted le quieren mal por su forma de ser. Le hacen brujería de palo. A usted no le gusta que lo manden no lo contradigan en nada. Hágale misa a los muertos. Atienda el santo. Aquí habla Yemaya, Oggun, San Lázaro, Obatala, Ochosi, Orichaoco y Chango y Agallu.

Letra de desobediencia y traición amorosa ya que el que asar dos lechones a la misma ves se le quema. Una letra donde se entero la mujer por traicionera donde se hizo el hoyol; así que mucho cuidado con los cuernos del Mardin de la cabeza. Amen aleluya precaución hermanos de la fe. {No se rían}

OIdi/Eyioco No. 7-2
Guerras De Hermanos

Dice que usted evite chisme, ni meterse en ellos porque usted siempre sale perdiendo en todo. Evite las cosas malas porque se puede ver envuelto con la justicia. Este (letra) OIdi Eyioco, habla de persona de mal genio y desobediente que no cojee consejo. Dice que no empeñe nada ni preste dinero para evitar pleitos. Lo que usted haga, no se lo diga a nadie ni guarde nada de nadie. Porque a usted lo pueden acusar falsamente.

Este oddu habla de viaje, mudanza y cambios. Limpiase y haga ebbo. Dele de comer a los guerreros. Refresque su cabeza. Este signo habla de rompimiento amoroso. Habla de algún negocio que le van a ofrecer. Cuidado no lo vallan a engañar con una trampa. Cuidado donde va, ya que su enemigo lo pueden sorprender, o la justicia. Refresque los Orishas con frutas. Atienda a los muertos y saldrá con la victoria. Habla Yemaya, Orgun, San Lázaro, INLE, Obatala y Orichaoco.

OIdi/Orgunda No. 7-3
El Cuchillo Traición

Igguoros hermanos lagua lagua, este signo OIdi/Orgunda, habla de tropiezo, tragedia, operaciones, sangre ulceras. Dice que usted se encuentra en guerra con sus enemigos. No use la violencia. Evite armas de fuego. Su cabeza anda mal y nadie sabe el bien que tiene hasta que lo pierde. No porfié más. Evite enfrentamientos. Sus enemigos le pueden tener una trampa y darle de palo agredirlo. Si lo invitan a un sitio a ver a una mujer, no vallas porque lo están esperando. Dice que usted se puede ver con problemas con la justicia. Evite pleitos.

Por lo tanto Este signo habla de decaimiento físico de gangrena. Cuidase de hincadas. No se pare en las esquina. Si es Santero, tiene que coger pinaldo y si lo no tiene, tiene que recibir los guerreros. Aquí habla Yemaya, Oggun, Ochos, Obatala y Elleggua. De los cuales también habla de la desobediencia la guerra de la peonia, pleitos ajustes de cuentas, rabia interna, coraje que no se le quita, riña del pasado, sangre, armas de fuego, vicio, bebidas presidio. Por eso se tiene que refrescar la cabeza por siete días con frutas y plantas frescas.

{Amen Aleluya esto sí es Santería}

Oldi/Iriso No. 7-4
Lo Profundo Del Alma

Igguoros homérica hermanos lagua lagua santeros, esta letra habla de envidia, desilusión amorosa y sentimiento. Aquí habla Olocun y el más profundo del alma. A usted, la envidian habla de muchos disgustos. A usted todo le cuesta lágrimas. Vive con muchos sentimientos hasta con sus familiares. Evite decir lo suyo ni escuche chismes ni quiera saber los secretos de nadie.

Dice este oddu que usted le debe de dar de comer a la tierra. No preste lo suyo a nadie. Este de Oldi/Iroso, dice que no se confía de nadie. Si alguien se encuentra enfermo en su casa, llévelo al médico. Esto incluye a usted. No le confié lo suyo a nadie, ya que sus secretos se le van a descubrir por bochinches y puede pasar por un bochorno. A usted en su camino, le viene una suerte. Algo que usted no sudado. Habla de herencia dinero. Atienda a los Orishas y a los muertos para que salga de sus apuros. En este signo tiene que ser agradecido, ya que en la tierra de los siego, el tuerto es un rey. Habla Yemaya, Olocun, Chango, Obatala, Ordua, Dada y los Melli. Orichaoco chango

Oldi/Oche No. 7-5
Absuelto De Acusaciones

Dice este oddu Oldi/Oche, que usted no se burle de los Orishas. Pues este habla algo con Ochun que usted le debe. Este signo habla de chisme, líos y hasta de brujería en su contra. También habla de padecimientos vaginales y de impotencia. De algo oculto en su vida que está por descubrirse. Dice que no haga aborto. Pues las consecuencias pueden ser muy malas. Habla de fracasos en la vida y tropiezos amorosos. A usted la tiene en malas lenguas (bochinches) por algo que usted ha hablado y las persona se han enterado.

Respete a San Lázaro, INLE, Ochun y Yemaya y no reniegue más. Hágale una misa a los muertos para que usted quede absuelto y tenga paz en su vida. Evite actos impropios y cosas malas ya que el oddu de Oldi oche 7\ 5 aunque diga absuelto por Faltar de prueba. Por lo tanto marca algún problema que la persona está atravesando con la justicia por lo tanto tener mucha precaución, ya que los Orishas lo quieren ayudar en este problema. Amen

Habla Yemaya, Ochun, Obatala, Elleggua, Ochosi, Oggun e INLE.

OLDI/OBARA No. 7-6
Ojo Prieto, Ojo Colorado

Dice este oddu de Oldi/Obara, que usted ya es hora que tome un solo camino no jugar con tres personas a las misma vez. Pues el que Haza dos lechones a la misma vez, se le quema uno. Esta letra habla de indecisiones, fracasos y disgustos si no se enmiendan los errores. Su bienestar esta en el campo. No parta coco. Usted tiene muchos enemigos gratuitos. Pues aunque usted no los busque, los encuentra a usted. Le quieren destruir su felicidad. Cuidase del celebro y la vista. A usted lo puede aprender la justicia. Usted recibirá noticia de otra tierra y viajara.

Por lo tanto dice esta letra de Oldi Obara 7\ 6 que cuando usted comience algo, lo termine. No haga fuerzas innecesarias. No hable lo suyo a nadie. Atienda los santos y los muertos. No preste y evite empeñar sus cosas. Aquí habla Yemaya, Elleggua, San Lázaro, Obatala, Chango, Orumila y Ochun. Los cuales le dan el consejo y nunca se debe dejar lo cierto por lo incierto para poder triunfaren la vida. Ya que los santos dictan pero no obligan, como dice Walter mercado. Pero este es santería el oráculo de los caracoles el guía de los omorishas la boca del santo. Amen que aprender es de Sabio

OLDI MELLI No. 7-7
La Tierra El Hoyo Traición

En este oddu, es donde se hace el hoyo en la tierra por una traición a su compañero. Es igual al día y la noche. Ya que así son las personas de este signo oddu. Por lo tanto les dice Oldi Melli, que tenga mucho cuidado en sus relaciones. Aquí no es bueno asar dos lechones a la misma vez, ya que siempre a la larga, se le quema uno. Cuidado con la traición. No parta por la primera. Letra habla de traición y disgusto. Si lo invitan algún sitio, tenga cuidado que no le tendrán una trampa.

Aquí habla la historia de tres hermanos. Dos de ellos envidiaban al más pequeño. Signos de operaciones. No se pare en las esquinas ni haga negocio con tres ni coma pescado chiquito. Habla de disgusto. No les pegue a los niños, ni digan lo suyo a nadie para que no se le descubrir. Habla Yemaya, Oggun, Ochosi, Obatala y San Lázaro.

De los cuales le dicen que es mejor precaver que tener que remediar ya que en esta letra de Oldi melli 7\ 7 donde de la traición de la mujer ese hizo el hoyo por primera vez, donde se manifiesta Yemaya el día el mecimiento del matrimonio y Oggun la acción y la reacción, la fortaleza, el ochagun {el ejecutor} y todo el movimiento de lo que se mueve de hierro el cuchillo la sangre ya que Oldi melli 7\7 es el día la claridad del nacimiento de la tierra. Amen y sigamos hermanos homérica de la fe

OLDI/ELLEUNLE No. 7-8
la tierra y el mar
La unión

En este oddu, nace el amor y muere el amor. Es signo del tambor. Habla de una persona con un don espiritual y ha divino por naturalices. Aquí habla Chango ya que el tambor de fundamento le pertenece. Por eso el don viene del cielo pero la persona por cabeza dura y desobediente puede pasar muchos trabajo en la vida hasta que a finque su cabeza y respete a los santos y los muertos. Ya que nació para alguien grande en la religión Yoruba.

Habla de una falta de respeto hasta con sus mayores. Dice que en su hogar no hay tranquilidad por su mal genio y su temperamento. Si es santero, le tiene que tocar al santo de su padrino. Usted pierde y gana con su cabeza. Atienda los santos y los muertos que son su en la vida. Tenga tamborcito a Chango y respeta los mayores, especialmente a su mama. Habla Yemaya, Orichaoco, Chango, Elleggua y Obatala.

OLDI/OSA No. 7-9
dos Narigudos, Separación

Dice este oddu de Aldiza, que no sea tan ambicioso. Pues uno extiende la mano hasta donde alcance. No mal gaste lo suyo, ni lo regale. Habla de persona enferma en su hogar. Habla de maldiciones y arrastres. Falta de respeto con los mayores. Dice que lo malo que usted ha hecho, no lo puede seguir haciendo ya que todo lo malo se le puede descubrir. No maldiga tanto y sea conforme en la vida. Usted ayuda o ayudado sus peores enemigos. Habla de desvelos, sombras, apariciones y de enfermedad.

Evite ir al cementerio. Tiene que hacerse una misa y ebbo para quitarse la brujería porque le envidian. No guarde nada de nadie y no preste nada. Atienda los muertos. Habla de separaciones, traición y disgusto. Aquí habla de espíritu bueno que lo acompañara siempre.

En esta letra habla Yemaya, Oya, Yegua, Obatala, San Lázaro, Agallu, Ochun y los muertos. Mas le aconseja por el otro lado que uno nunca debe escupir para arriba para que la salva no le caiga a uno mismo y así evitar guerras innecesarias en la vida. Y a que osa {9} es que su por amigo es su peor enemigo y Oldi {7} es la traición, además habla de hechizo y brujería de las cuales se tiene que cuidar.

Amen Aleluya y precaución que cuando el gato no está en la casa el ratón hace lo que quiere

OLDI/OFUN No. 7-10
Medico Operación Del vientre

En esta letra oddu de Oldi/Ofun, habla de padecimiento del vientre o de partes íntimas y de operaciones. Dice que la muerte esta parada en su casa. Habla desvelos, dolores en los huesos y maldiciones que usted tiene por faltarles una persona mayor de su familia. Dice que tenga cuidado con las personas que usted comparte ya que entre ellos esta su peor enemigo. Cuidado con fenómenos. No sea tan averigua ni quiere saber todo ni meterse en vidas ajenas.

No le diga lo suyo a nadie y preste atención a los muertos y los Orishas. Usted vivirá en el campo y una suerte le vendrá. No haga abortos. Habla de niños anormales. Evite fumar, ni comer cosas internas de los animales ni chupar huesos. Aquí habla Yemaya, Obatala, San Lázaro, Agallu, Eshu y Ochun Ordua. Lo cuales le dicen al consultante que tiene que tener mucha cuenta porque la muerte esta parada en su hogar y hasta haber persona enferma hasta en el hospital. La letra de Oldi fin {7 10} es lo interno lo que uno no ve y por eso esta letra es de sumo cuidado dentro de las consultas siempre, dependiendo, pero aunque venga con iré {bien} la persona puede ir a una sala de operaciones y los fenómenos son fenómenos

OLDI/OJUANI No. 7-11
Fracasos Pleitos Traición

En esta letra oddu de los caracoles de Oldi/Ojuani Chobe, habla de una persona irrespetuosa y de mal genio que no mira a quien para ofenderlo. Aquí habla de tragedia y prisión. No le levante la mano a nadie porque puede ir preso. No sea violento. Habla de muerto oscuro un fenómeno que no lo deja estar tranquilo, ni lo te deja dormir bien. Dice que se limpie. Pues habla de separaciones, disgustos, tropiezos en su camino. Dice Oldi/Ojuani Chobe, que usted es incrédula y faltona que es por eso que le suceden tantas cosas malas en su vida. A usted le quieren tener una trampa para perjudicarlo. Respete a los Orishas y los muertos para una mejora en su vida. Evite pleitos con la justicia.

Dice este signo oddu te los caracoles {el diloggun} que tenga cuenta en los malos pasas que tenga entre mano y si tener malas intenciones de hacer algo indebido. Pues le puede trae malas consecuencias y hasta fatales o ir preso por su mala cabeza. Oldi Ojuani Chobe es letra caliente habla de fracasos tragedias líos guerras y desobediencia a los mayores santos que hablan

Aquí habla Yemaya, Elleggua, Orgun, Ochosi, INLE, San Lázaro y Oya. Ame que aprender es de sabios.

OLDI/EYILA No. 7-12
pleito desobediencia candela

Dice este oddu de Oldi/ Eyila en letra de los caracoles {el diloggun}, que las cosas están más caliente que la candela. Evite pleitos con la justicia porque puede ir preso.

No reniegue ni falte el respeto a los mayores. Usted tiene enemigos del pasado que esta resentida con usted. También de su propia familia. Cuidado con papeles. No sea ingrato con los suyos ni se burle de los Orishas.

Pues habla muchos tropiezo en su vida vienen por la forma como usted se comporta. No quiera siempre tener la razón y coja consejos para que pueda salir de sus apuros. Dice que usted se disgusta de nada y por nada, recapacite deje a un lado lo guapo y abusivo.

No sea ingrato con los niños ni con su compañera. El respeto a los mayores le vendar bien. Atienda los santos. Evite comer en todas partes. Obedezca y triunfara. Ya que el, Oddi\eyila dice que usted está caliente hasta con chango por ser tan desobediente dentro de sus deberes con los santos y hasta con sus mayores Aquí habla Chango, Yemaya, Agallu, Elleggua, Obatala y Oggun. El cual le advierte que el que juega con candela siempre a la larga se quema. Amen Aleluya y sigamos con el otro oddu

ELLEUNLE/OCANA No. 8-1
Cabeza Dura Desobediencia

En esta letra oddu de Elleunle/Ocana, habla de brujería y de palo mayombe, que le están haciendo. Dice que usted no debe hacer cosas malas o impropias. Ni ser celebrar, Pues todo se le puede descubrir y sacarles los trapitos al aire y buscarse un lió. Habla de bochornos en su camino no reniegue tanto. Pues hasta preso puede ir. Evite pleitos.

Dice que usted no confié en nadie ni le cuente sus secretos a nadie. Dice este oddu que usted gana y pierde por su propia cabeza. Usted puede estar padeciendo de calambre en las piernas. Dice que evite agredir a alguien que su enemigo lo quiere destronar.

Hágale una misa a difunto de su familia. No reniegue tanto. No visite enfermos ni asista a velorios. Vístase de blanco lo más que pueda. Sea obediente. Respete las canas, ya que el consejo de mayores es bendición en su camino.

Por lo tanto El camino es largo y lo que no tenga hoy, mañana lo tendrá. Póngale un mono a obatala para que no se rían más de usted y quieran siempre sacar provecho, de querer utilizarlo y después nada le agradece. Habla Obatala, Ochun, Olocun, Chango, oddua y los Ibeyis.

ELLEUNLE/EYIOCO No. 8-2
Rey Destronado Guerra

Dice este oddu de Elleunle/Eyioco, que usted lo quieren destronar. Que tenga mucha cuenta en lo que anda porque puede ir preso. Habla de persecución por justicia y enemigo que quieren acabar con usted. Dice que se tiene que cuidar de robos y no guardar nada de nadie que lo pueda perjudicar. Habla de enfermedad y disgusto. Dice que no sea tan ambicioso y que cumpla con lo santo, ya que alguien además de usted, tiene que hacer santo y tocarle tambor. No piense tanto. No sea cerebral ni quiera hacer las cosas de prisa para evitar errores y malas consecuencias por desobediente.

Por lo tanto si no padece de la vista, chequease. Cuidado con la candela. Además su honor lo ponen en tela de juicio a usted lo quieren vender. No se confíe de nadie. Precaución en todo lo que hace. Atienda el santo y hágale misa a los muertos para que usted no caiga en manos de la justicia o sus enemigos. Su suerte está en el campo. Santos que hablan Obatala, Ochosi, Elleggua, Olocun, Chango, los melli ochun.

Por lo tanto oiga y recapacite que usted nació para cabeza no para rabo de nadie recuéstese a obatala, vista de blanco vístase de viejo con gafas y bastón y verá pasar el velorio de su enemigo por su casa. Amén. Ya que aprender es de sabios y dicen los que no saben que la religión de la santería no tiene sus hechizos quien dice eso Igguoros santeros. Amen Aleluya

ELLEUNLE/ORGUNDA No. 8-3
Destitución De rey INLE

Como todos los tienen un dicho (refrán) en esta religión de la santería, Elleunle/ Ogunda, obellono aquí habla San Lázaro. Habla de enfermedad del estomago y traición. Ya que por más bien que usted haga, nadie le agradece a usted. Lo envidian y le quieren viral su pueblo en su contra. Le vigilan sus pasos y le envidian y la cogen con usted aunque le haga bien. Evite pleitos que le puedan traer líos con justicia. A usted le pueden dar de golpes.

Evite no andar en la noche ni abrir la puerta. Cuidado con lo que come. Muchas personas le desean mal hasta de su familia y le quieren quitar algo que le pertenece. No coma boniato, batata, ni Manís, ni mate ratones. No trate de meterse en chismes ajenos. No maldiga ni se desea la muerte.

Usted de seguro tendrá casa propia. No se desespere. Atienda el santo y los muertos. Vista de blanco. Respete los mayores. No le enseñe todo a nadie. Ya que el discípulo lo quiere destronar y virar su pueblo en su contra. Aquí habla Obatala, Ochun, Oggun, Ochosi, los Ibeyis y letra de INLE San Rafael el médico divino Osian que Omo Olocun le quiso virar el pueblo en su contra. Y así esta letra, oddu para el consultante donde Asowano san Lázaro era bacalao assolli. Lo cual es recomendable vestir de blanco tener a oba e INLE para su bienestar de la vida. Ya que usted, obatala lo protege. Póngale un mono a obatala para que no se burlen más de usted en esta vida, ya que nadie le agrádese nada de lo que usted hace por el mundo. Por lo tanto este signo letra es de rey de la religión yoruba y de llegar a ser babalao.

ELLEUNLE/IROSO No. 8-4
Pérdida De Cabeza

Este signo oddu de Elleunle/Iroso en las letras de los caracoles {el diloggun}, habla de una persona que pasa mucho trabajo en la vida por su mala cabeza y su ambición de tener todo. Pero no hace lo que tiene que hace con el santo y los muertos. Dice que tenga mucho cuidado con la traición donde usted se quiere embarcar. Habla de robo y su felicidad. Siempre está en juego por su mala cabeza. Usted padece de la vista y hasta se puede enfermar malamente si no recapacita a tiempo.

Usted está lleno de enemigo por todos partes, por su modo de ser. A usted lo venden para que no adelante. Dice que usted desconfía hasta de sus propias cosas y no tiene tranquilidad y reniega. Solo si usted usa su cabeza y atiende los santos. Mas le hace una misa a un ser familiar y Prosperara para hacer santo debe tener a Olocun y no desearse la muerte y cambiar de vida. Ya que aquí los cuerpos de los muñecos no tenían cabeza y por lo general, que todo lo que usted emprende le sale mal. Por eso el santo es su salvación, para evitarse una enfermedad mortal y tragedia en su camino. Habla Obatala, Olocun, Chango, Orula, Ochosi, Ochun y Agallu.

ELLEUNLE/OCHE No. 8-5
Persona Mentiroso

Dice este signo oddu en los caracoles {el diloggun} para la persona que se está mirando, que no sea mala agradecido y ayude a quien le ayudado, que no sea tan ambicioso. Dice este, que la riqueza no es todo en la vida. Pues tenga mucho cuidado porque puede perder todo y le pueden robar. A usted le basta mentir mucho y siempre querer salirse con la zulla.

Este oddu Habla de mal resentimiento, de personas en contra de usted, por su forma de ser con sus semejantes. Dice que usted reniega mucho cuando no consigue sus propósitos de lo que se le antoja.

Usted tiene que respetar las bebidas y los malos vicios. Respete los mayores, pues hasta preso usted puede ir por su mala cabeza. Evite lo malo y no guarde nada de fechorías en su casa, ni a nadie, pues puede ir preso.

Dice este oddu que en Su sueño a usted le advierten todo, pero usted no hace caso. Usted tiene a Obatala y Olocun (Yemaya) que lo quieren y si hace las cosas bien con ellos y los muertos, especialmente uno familiar que le hágale una misa. Habla Obatala, Yemaya, Orula, Chango, Ochun, Agallu, los Melli y oddua. Y especialmente oba maní santa catalina

ELLEUNLE/OBARA No. 8-6
Mal Agradecido

Dice este signo oddu de Elleunle/Obara que recapacite y respete a los mayores. Dice que usted tiene muchos enemigos y que no puede dejar a nadie en su casa. Por su felicidad, dice que puede perderlo todo. No le haga favores ni guarde nada de nadie. Este signo hable de malas lenguas y hasta brujería para hacerle daño.

Este signo oddu de elleunle Bara 8\6 habla de intranquilidad, tropiezo y disgustos en su vida. Usted tiene que tener mucha cuenta, pues lo que usted cree son sus amigos, son sus peores enemigos. Usted se siente enfermo y no duerme bien y hasta ve sombras en su casa. No averigüe chisme y no parta por la primera para que usted pueda triunfar.

Vista de blanco y tenga paciencia, que una suerte lo espera en esta vida y puede ser en su campo. Atienda los santos y los muertos familiares. Habla Obatala, Chango, Orula, Ochun, Agallu, los Ibeyis (gemelos), Ardua y Yemaya. Aquí se le da carnero a la muerte (ebbo).este es de mal agradecimiento y quien come hueso satisfacción para su garganta, sea agradecido con los Orishas, obatala ochun y chango para que pueda salir adelante

Esta de Unle Bara marca problemas en su camino hasta de ir preso cuidado con robo dentro del hogar atienda los Orishas santos, ya que chango lo va a ayudar a salir de los problemas si deja de ser soberbio.

Por lo tanto un altar u una misa a los muertos le vendrán muy bien. Ya que usted ve los muertos y es parte espiritista, pero su desconfianza lo mata, en igual en confiar en quien no debe confiar. Cuidado a quien deja en su casa para que no lo pierda todo. El carnero por mal agradecido el tigre que se lo quiso comer, piel de tigre para chango y harina con Guingánbo. Habla chango, obatala, ochun, Elleggua, Agallu. Amen ser agradecido con los Orishas

ELLEUNLE/OLDI No. 8-7
Tambores Cabeza
De Orissa santo

Dice este signo oddu que usted es de cabeza caliente y desobediente. A usted la protege Yemaya y Orichaoco. Dice que tenga cuenta, que usted aparenta ser santa y no lo es. Pues habla de embrago y fracaso en su vida. Usted se tiene que cuidar del vientre. Tenga mucho cuidado donde la inviten porque le pueden tender una trampa y hacerle daño.

Usted tarde o temprano, si no se cuida, puede ir a una operación. Este signo si hace las cosas bien. Le habla de un bienestar en su vida, una casa y algo más. Pero si no recapacita, usted no saldrá de sus fracasos. Usted es muy incrédula y mucha gente habla de su honor a su espalda. Usted les causa malestares a sus padres por su desobediente. Aquí habla Yemaya, Obatala, Agallu, Chango, Ochun y Orula.

En este signo nace el matrimonio la unión divere el tambor letra de lágrimas, encierro, desilusiones, fracasos, tristeza. Ya que se llora mucho en este letra. Por lo tanto usted tiene que atender los Orishas los muertos para salir de ese destierro el cual se encuentra. Se tiene que bañar con diferentes cosas por siete días y atender a Yemaya y a Orichaoco.

Por lo tanto, ponga una bandera en su casa azul con un sol, ya que a usted nadie le da merito de lo que hace y para que el mundo la conozca. Aquí se le da carnero a Yemaya y a Chango para la salvación. Santo que hablan, Obatala, Yemaya, Agallu, Orichaoco, Corincoto. Amen aleluya y sigamos que falta mucho que aprender de la religión del Santoral Yoruba y de su oráculo de adivinación los caracoles el diloggun el cual pica y se escinde en sus registros consultas de los caracoles llamados el diloggun.

ELLEUNLE MEJÍ No. 8-8
Separaciones
Desunión De Pareja

Dice este oddu signo, que oreja no pasa cabeza. Respecto a sus mayores. Fracasado por cabeza dura. Escucha consejo y usted puede salir adelante. Visítese en blanco para aclarar su camino amigos inseparables que se separan rey muerto príncipe coronado, confabulación, tracción de amigo, orgullo, desobediencia, falta de respeto desacuerdo separaciones amorosas perdidas y contrariedades por mala cabeza. Este signo es donde nacen las cabezas y la potestad, pero muchas beses los cabeza dura que no hacen casos en la vida.

Por lo tanto, aunque este signo es de la larga vida y lo que no tienes hoy mañana puede tenerse de sobra. Ya los personas de este letra, son impacientes y quieren hacer las cosas milagros al instante y lo mas importante en el de elleunle melli es vestirse de paciencia y recostarse de obatala para los triunfos en la vida, persona muy espiritual nació para santero o babalao si se la propone, signo de las cabezas. Santos que halan Obatala, Ochun, Orula, Chango, Oba, INLE, Yemaya, Oya y Elleggua.

Este signo letra de los caracoles, al salir en si habla de separación de pareja; mas dice a que a príncipe coronado rey muerto. Por lo tanto, atienda a los Santos, ya que lo quieren destronar si no se espabila y le pueden tender una trampa y hasta querer matarlo. No confíe en nadie, ya que usted no tiene ni familia. A su favor, vista de blanco, ruéguese la cabeza refresque su mente, ya que nació para Sabio. Santos que hablan

Obatala, Orula, Oddua, Boromu, Chango, Ochun, Orichaoco, INLE, Oba. En donde dos gobernantes no pueden dirigir a un pueblo junto amen a rey muerto príncipe coronado.

ELLEUNLE/OSA No. 8-9
Desacuerdos Cosas Malas

Dice en este oddu signo, que lo malo que usted ha hecho en el pasado, no lo vuelva a hacer. Habla de cosas malas, actos impropios dos y brujería en cementerios. Dice que usted tiene padecimientos en su vientre y ovarios. Este signo habla de hijos y hasta Ibeyis (gemelos) (Ibeyis). No permita que nadie la gobierne. A usted le salen mal los favores que usted le hace la gente. Habla de enemigos ocultos. Este signo, la persona puede a llegar a ser Babalao por la naturaleza. Signo de traición hasta de familiares. Habla de intranquilidad en su hogar que le tiene degusto y miedo. Cuidase de gente trigueña que le odian y le quieren hacer mucho daño.

Este signo se le prohíbe ir al cementerio y visitar los enfermos. Chango la quiere, ya que en este signo, fue donde Chango comió carnero. Atendí los santos y los muertos. No parta por la primera. Hablan los Ibeyis (gemelos), Obatala, Orula, Chango, Oya, Agallu y Ochun. El signo del algodón y la brujería y la manteca frita para Yemaya y la confabulación, amiga que mata amigo, enemigos gratuitos por lo tanto abrir bien los ojos.

Ya que dice este que usted nació para adivino psíquico santero espiritista de nacimiento, pero su terqueza muchas veces les causa muchos disgustos en la vida usted se presta para la brujería. Por lo cual sus enemigos le quieren hacer mucho mal. Evite vicios, ya que por ello puede pasar un susto, ni los permita en su casa. Dice Unle osa 8\ 9, que los mismo que usted misma a ayudado son sus peores enemigos incluye seres familiares a usted le están trabajando en palo en este signo letra usted se puede enfermar del vientre ovarios o de sus partes

Evite ir a velorios hospitales funerarias dice que dentro de su propia vida usted es muy arriesgada y cabeza dura evite vicios y actos en propios dentro y fuera de su casa. Dice oya que si usa la cabeza va a triunfar en todo atienda los muertos y santos. Aquí hablan oya, obatala, chango, Agallu, oba yegua

ELLEUNLE/OFUN No. 8-10
Paralizaciones Maldición

Dice este signo que no cuide niños ajenos, ni sea tan curiosa, ni quiera ver más allá de lo que usted no debe. Pues la curiosidad mata y todo no se puede ver en problemas por ser tan curioso, ya que cada cual guarda se secretos a su manera y donde más le convenga. Usted puede perder la vista. Este signo habla de mudanza. No puede vivir en sótanos ni la frialdad, ya que la muerte está sentada en su casa. Habla de los fenómenos, maldiciones y desvelos. No le diga sus secretos a nadie ni averigüe lo de los demás.

Sea prudente y obedezca su ángel de la guardia. Respete los mayores. Habla de tristeza y desencanto. No se desea la muerte ni la llame. Tenga paciencia. Vista de blanco. Respete los hijos de Obatala megua, que tanto lo quiere. Hágale una misa a los muertos. Especialmente a un familiar que tanto la necesita para revelarse algo que no pudo en vida. Algo del pasado la tiene intranquila y no la deja dormir, Múdese. Habla Ordua, Obatala, Ochun, San Lázaro, Yemaya y Orula. Amen que aprender es de sabios y la superación mata la ignorancia

ELLEUNLE/Ojuani CHOBE No. 8-11
Mala Cabeza

Este oddu signo habla de persona desobediente, de fracaso, corte, papeles y presidio. Dice que la justicia lo puede visitar. Usted tiene malas intenciones de darle de golpes a alguien. Tenga mucho cuidado, pues la consecuencia la vas a pagar muy cara. Usted tiene la muerte encima si no recapacita. Usted le falto a los Santo sea Elleggua o Chango. No juegue de mano, ya que la jugada le puede costar muy cara. A usted lo están vigilando para darle de golpe no salga a fiesta, si lo invitan ni viaje por ahora. Cuidado en las esquinas. A usted le tienen odio por su forma de ser.

Usted cree saberlo todo, por ser porfiado, pero está equivocando y es por eso que todo le cuesta tanto trabajo en la vida. Usted tiene la justicia detrás y lo malo de Eshu perturbándolo. No coja nada que no sea suyo. No maltrate a sus semejantes ni los perros. Su vida es muy complicada y desordenada. Recapacite Dele de comer a Elleggua. Atienda los santos y los muertos y vera todo cambiar en su vida. Habla Obatala, Elleggua, Chango, Oggun y Ochosi.

ELLEUNLE/EYILA No. 8-12
Candelas Desobediencias

Este oddu signo, de los caracoles {el diloggun} elleunle eyila, habla la candela sobre la cabeza y el que juega con candela se quema. Dice que evite cosas malas. A usted le están haciendo cosas malas para perjudicarlo, brujería en aviaciones de muertos oscuros. Dice este oddu de elleunle eyila 8\ 12, que piense bien las casas antes de hacerlas porque le pueden salir mal. No parta por la primera. Evite pleitos y líos con la justicia. Usted tiene un enemigo que usted creo que todo pasó ya pero no es así ya que si empeñado en destruirlo.

Esta persona colorada le quiere hacer la vida imposible. Cuidase, atienda a Elleggua y a Chango. No porfié y déjeselo a los santos. No maltrate a sus semejantes ni a su compañera. Respete los mayores y los santos. Atienda los muertos para que vea un cambio en su vida. Atienda su ángel guardián, habla Obatala y Chango. Cuidado con robos y quien lo visita. Póngale trampa a Elleggua. A usted lo titán de un mentir. No diga lo que usted no sabe, ni quiera saber más que nadie. Habla Orula, Chango, Elleggua, Obatala y Agallu. De la mentira sale la verdad. Adelante y nace un rey si se corona. Amen oído que aprender es de sabios y la ignorancia no conduce a nada bueno. Amen Aleluya y sigamos aprendiendo de la reeligió de la santería.

OSA/OCANA No. 9-1
Brujería Descontento

Santos que hablan Oya, Obatala, Agallu, Ochun, Chango y los mellis. Dice este signo de Osa/Ocana, que usted tiene un muerto oscuro que no la deja prosperar. Ya que habla de enemigos que le han deseado la guerra y le echan maldiciones y brujería para que usted no prospere. Habla de alguien que se tiene que hacer santo para su salvación. Puede ser hijo o familiar. La muerte y la enfermedad están pendientes. Esperando se tiene que hacer un recogimiento para quitarse ese mal y brujería.

Signo letra que habla de intranquilidad, desvelos apariciones, separaciones y disgustos hasta familiares, ya que es les dan la espalda. Dice este signo que no risque ni sea incrédula para su bienestar y progresar. Dice que atienda los muertos. Usted es espiritista de naturaleza, pero reniega y maldice. Cuidado con la candela. Dice que usted no es dichosa en el amor, pero si hace las cosas bien vencerá y la felicidad tocara sus puertas. No permita que nadie se quede en su casa. Ya que le pueden traer líos hasta con la justicia. Santos que hablan oya Agallu Elleggua obatala y Ochosi.

OSA/EYIOCO No. 9-2
guerras de enemigos

Dice este oddu signo de Osa/Eyioco, que en su hogar existe una revolución con su acampánate. Que no existe la paz por tanta guerra. Este signo habla de bochinches, malas lenguas y fracasos en las relaciones. Dice que usted tiene que tener mucha cuenta con pleitos con las justicias y enredos amorosos. Entre tres personas, evite discusiones. Dice que alguien del pasado no quiere que usted sea feliz con nadie.

Usted nació para espiritista y Oya la ampara. Pero no puede ser tan confiada ya que los mejores amigos pueden ser sus peores enemigos. No le diga sus secretos a nadie ni para dónde vas. Evite pleitos, pues puede haber sangre. Hágale misa a un difunto familiar que le dará un bienestar. No permita socios en su negocio. Habla Oya, Agallu, Ochosi, Obatala, Chango, Oggun y los mellis. Los cuales le dicen que no permita vicios en su casa ya que cuando el gato no está en la casa el ratón hace lo que quiere y esto le puede suceder si abre los ojos. Ya que osa dice bien claro que su mejor amigo es su peor enemigo y muchas beses puede ser hasta de su familia. Amen ojo y precaución

OSA/OGUNDA No. 9-3
Tragedias Sangre

En este oddu signo de Osa/Ogunda, le advierte que desista de darle de golpe a alguien. Este es signo de sangre, tragedia, revolución, guerras y tropiezos. No parte por la primera para que no se arrepienta. Hace limpieza con carne y manteca de corojo.

Échese collares para evitar una tragedia. En su casa no existe la paz ni la felicidad. Le están haciendo brujería para que todo sea un fracaso en vida. No use armas de fuego. Evitar la bebida y los vicios. A usted lo está velando y le pueden dar de golpes y amararlo.

Evite ir a fiesta ni se pare en las esquinas. No separe a nadie en pelea. Pues lo pueden herir a usted lo pueden acusar por algún deleito que usted no ha cometido. No permita nadie que se quede en su casa. Lo pueden hacer cómplice no reniegue. Ruéguese la cabeza. Ya que usted es espiritista pero muchas besen incrédula y por eso le suceden tantas cosas negativas en su vida. Atienda los Orishas y los muertos. Cuidado con hincadas, ulceras y los órganos internos. Habla Oya, Obatala, Oggun, Ochosi, Elleggua, Ochun, Orula y Agallu.

OSA/IRISO No. 9-4
Lo Escrito Papeles, Ojo

Dice este oddu signo de Osa/Iroso, que usted tiene una virtud de ver y adivinar. Usted es espiritista por obra de Olofi (Dios). Dice este signo que usted mire hacia delante y hacia atrás. Pues la gente que usted crees son sus amigos, le envidan y le desea mal a usted. Le pueden hacer mal de ojo. No dude de lo que dice, ni lo que ve, ni de las revelaciones ni do los sueños de advertencia.

Este signo dice que abre bien los ojos. Pues le quiere hacer un mal. Evite las cosas malas aunque lo inviten no lo haga, pues le puede traer problemas con la justicia. Este signo no se puede ser tan confiado. Póngale una corona a Elleggua. Adora a Yemaya y todos los santos y el espíritu que son un baluarte de protección. Mire bien, pues se pueden hacer un daño para que usted no siga viviendo. Déjele las cosas a los santos y espíritu que ellos lo liberan de todo. No reniegue ni se sienta vencido. Siempre baldee su casa con plantas frescas. No dude de sus sueños. Santos que hablan Oya, Obatala, Yemaya, Agallu, Chango y Dada, yegua.

OSA/OCHE No. 9-5
Aprender A Vivir

Dice este oddu de osa oche que el que no sabe vivir aquí en la tierra. Lo enseñan en el otro mundo. Este signo habla de enfermedad de la sangre y de muerto oscuro que no lo deja progresar en nada de lo que usted quiere hacer. Dice que es usted es renegada y incrédula aunque haya nacido tan espiritualista. Con ese don, dice que tantas virtudes y usted por cabeza dura, no utiliza su poder. Dice que no se descuide de sus enemigos. Ya que la pueden vencer y una guerra que usted cree que termino esta en son de guerra, así que tenga mucho cuidado y puede pasar por un grande bochorno de algo oculto que se le descubra

Pues dice que lo que usted tuve de pleito en el pasado todavía no terminado. Este signo habla de su mejor amigo es su peor enemigo. No recoja nadie en su casa. Vallas al médico. Atienda a Ochun y San Lázaro. Usted puede ir por largo tiempo a un hospital si no se cuida de algo interno. No deja nadie en su casa porque mientras el gato no está en la casa, el ratón hace lo que quiere y así son sus enemigos que se aprovechar de su bondad. Por eso tiene que aprender a vivir aquí. Habla Oya, Ochun, Obatala, Agallu, Orula, Elleggua y Oba.

OSA/OBARA No. 9-6
Dos Carneros En La Misma Fuente Discusión

Este oddu signo habla de los dos carneros que no pueden beber agua en la misma fuente. Sea dos personas que no se llevan bien. Habla de separación, descuerdo entre matrimonio. Habla de riqueza en su camino en parte de campo. Este signo habla de enemigos hasta de su propia familia. Usted tiene que tener mucha cuenta en su vida. Pues el mejor amigo se puede convertir en su peor enemigo.

Por lo tanto no deje nadie en su casa. Pues mientras el gato no está, el ratón hace lo que quiere. Dice que por mejor que usted sea, el mundo es mala agradecida con usted. Su suerte está en el campo. Habla de relaciones rota. Su ache está en los muertos. Oya y Chango no reniegue. Cuidarse de viento y espalda y de la presión arterial.

Evite vicios en su vida, ni conviva con nadie con vicio. Lo usted deje, no lo recoja ni perdones, pues le hacen lo mismo malo. No fume ni beba. Respete los mayores. Atienda lo espiritual. Aquí habla Chango, Oya, Obatala, Agallu, Yemaya, Oba y Ochosi. Dos carneros que no pueden beber agua en una misma fuente. Donde por primera vez chango come carnero. Evite las discusiones y las desilusiones, para que pueda ser feliz maferefun {Egun} los muertos si tan solo lo pensara.

OSA/ Oldi No. 9-7
No Escupa Para Arriba

Dice este oddu signo de Osa/Oldi que dos narizudos no se pueden besar, habla de separaciones, fracasos y problemas en su casa. Hable de persona que convive con una persona viciosa. Habla de traición donde no se puede vivir con dos personas a la vez. Termine con uno para empezar con otro. Los amores son entre dos y no tres, ya que uno sobra. Tenga presente que su mejor amigo se puede convertir en su peor enemigo. A usted se le puede descubrir la traición y tener grandes problemas.

En este oddu de los caracoles {el diloggun} el oráculo de adivinación de la religión de la santería. Se tiene que tener mucha cuenta con la justicia que no la acuse, de algo de vicio. No bebas demás. Pues puede caer un malo hábitos y perderse en su vida. Usted está pasando muchos trabajos pues a veces cree y otra no. Usted de reniega y es muy incrédula.

Dice que se tiene que alejar de malas compañías. Usted tiene un espíritu oscuro que la quiere ver en malos pasos. Tiene que tener cuenta con el viento y agua de lluvia. Dice que no deje a nadie en su casa, pues le puede traer algo fuera de la ley y perjudicarla. Habla de tres enamorado. Tenga cuenta uno puede estar enfermo.

Usted tiene que hacerle misa a los muertos y respetar el santo. Tiene que hacerle (ajiaco) sancocho al muerto y rogarse la cabeza. A usted le hacen brujería para destruirla. Haga ajiaco con la cabeza de un cerdo, vianda y llevarlo a un monte. No se desobediente ni esclavo ya que dos narigudos no se pueden besar y el que para arriba escupe la saliva le cae encima. Habla Oya, Oggun, Yemaya, Obatala, Elleggua, INLE, Oba, Agallu, Ochosi y los muertos.

OSA/OBE No. 9-8
Después De Frita La Carne
Vera Chicharrones

Dice este oddu signo Yemaya que después de frita la manteca, usted verá los resultados. En esta letra, lo malo que haya hecho, no lo vuelva hacer. Evite vicios, habla de rompimiento y de robo. Tenga siempre las cosas bien guardadas. Pues le pueden robar. Dice que cambie su genio y no discuta tanto. Usted vive con dudas que la a tormenta llegue. No tiene tranquilidad. Habla de trabajos de brujería. No permita a nadie que se quede en su casa.

Este signo le advierte de una traición. Usted nació para ser espiritista. Pero a veces no cree ni en su propia sombra. Usted se puede enfermar. Controle su genio. No haga tantos disparates. Si tiene malas intenciones con alguien, tenga cuenta y evítelo. Pues puede interferir la justicia. Usted tiene que baldear su casa con planta para sacar un muerto oscuro que la perturba. Respete los mayores. Mándele hacer una misma a los mayores de su familia si están muertos. No valla al cementerio, ni a velorios, ni visite enfermo. Refresque su cabeza. Haga ebbo y limpieza. Habla Obatala, Oya, Yemaya, Agallu, Oba y Elleggua.

OSA MELLI No. 9-9
Mejor Amigo Peor Enemigo

Dice este oddu de osa melli que atienda los guerrero y póngale un folle a Oggun. Dice que su mejor amigo es su peor enemigo. Que usted no sea tan desconfiada ni maldiga tanto. Evite tanto pleito en su casa. Usted tiene que controlar su mal genio. Evite problemas, pues puede verse de corte. Habla de enemigos que la quieren destruir con brujería y le pueden hacer mucho daño. Dice que usted respete lo ajeno y que termine una relación para que empezar con otra. Habla de pérdida de trabajo de enemigos gratuitos.

Este signo oddu letra le dice que lo que usted está haciendo malo, se le puede descubrir. No guarde nada a nadie en su casa. Cuidado que le quieren robar. Dice este signo que tenga precaución que no vaya a coger camino equivocado. Dice que no tronche su vida. Usted siempre esta intranquila. Tenga cuidado con candela. No se moje con agua de lluvia ni coja mucho aire. Pues se puede pasmar y quedarse torcida. Cuidado con la espalda y lo interno.

Habla de sombras o sustos y desvelos. No le diga a nadie sus secretos personales. Este signo habla de muchos obstáculos y fracasos. Pero si atiende los santos y los muertos, puede recibir una riqueza. No preste ni mal gaste su dinero, ya que nadie le agradece nada. Este signo También habla de posición de trabajo. Habla Oya, Obatala, Agallu, Chango, Elleggua, Oggun y Ochun obatala yegua.

OSA/OFUN No. 9-10
El mono Se Enreda Por Su Propio Rabo

Este oddu signo habla de espiritualidad. Este signo habla de espiritualidad, dones y virtudes. Usted ve los muertos, pero es un poco incrédula. Dice que si perdió un compañero, le haga misa. Usted es muy curiosa y averiguada. Cuidado que aquí el mono se enredo con su propio rabo. Tenga cuenta con la presión y la garganta. Usted tiene enemigos del pasado que todavía le quieren destruir toda su felicidad. No visite a velorios, ni visite el cementerio, ni enfermo.

En este de osa Ofun. A usted le sale verdugones en las piernas morado y no sabe de done vienen. Esto es un espíritu que convive con usted. Usted es víctima de las traiciones. Usted no tiene amigo. Sus mejores amigos son sus peores enemigos. Cuidase de robo. No deje nadie en su casa que le venga arrobar. Pues a la larga, entra por arrimado luego se quiere hacer el dueño.

Usted tiene que evitar vicios ni permitir a nadie que los haga en sus casas. A esto le traerá líos con la justicia y su situación empeorara y puede perderlo todo. Evite abortos, Habla de embarazo no deje nada destapado, ni guarde recuerdo de muerto. Hágale una misa a los muertos. Tiene que hacerse santo si no lo tiene. Atender a Elleggua. Recapacitar enmendar su vida. Atienda lo espiritual. Recapacitar y enmendar su vida. Atienda lo espiritualidad, quieren mucha a San Lázaro y Ochun. Respete los mayores y los consejos. Habla Oya, Obatala, Ochun, Orula, Lázaro y Eshu. Amen y sigamos adelante

OSA/Ojuani CHOBE No. 9-11
ruinas y fracasos

Dice este oddu signo de Osa/Ojuani, que no se meta en lo que no le importa. Que se quite las malas intenciones que tiene con una persona y que respete a los mayores; ya que la muerte lo persigue por su forma de ser. Habla de persona revoltosa, irrespetuosa, falta de respeto que parte por la primera sin pensar las consecuencias. Esto le traerá problemas en su vida. Dice que usted es visto mal por su comportamiento y su genio.

Por lo tanto este le advierte, Tiene que tener cuenta con tragedia y con la justicia. Este signo le dice que no guarde nada de nadie, ni se apodere de lo que no es suyo. Algo malo se le descubrirá por algo que usted ha dicho de otra persona. A usted se le puede descubrir algo del pasado. No sea tan revoltoso. Hable menos, sea un poco comprensivo con los suyos y tenga respeto por los demás.

Dice este oddu letra que usted se trae algo de dar golpe a alguien. Tenga mucho cuidado que no sea a usted mismo. No parta por la primera. Evite las armas y los vicios para que no se pierda. Usted puede tener un lió con la justicia por otra persona. No permita vicios ni actos impropios en su casa. Que sea de vicios, tenga cuidado con las personas muyeres o hombres ajeno.

Pues le pueden causar la muerte. Dice este signo, que lo que le debe a los muertos y a Elleggua, se lo pague para que su suerte cambie. No viaje hasta que no se limpie. Usted se tiene que hacer un recogimiento para quitarse un muerto oscuro que lo perturba de noche y le quiere arruinar su vida. Habla Oya, Elleggua, Obatala, Oggun, Ochosi, Yemaya, Ochun y Oba.

OSA/EYILA No. 9-12
Brujería Mayombe Y Candela

Dice este oddu signo de los caracoles {el diloggun} advirtiéndole, que tenga mucha cuenta, pues el que juega con fuego a la larga se quema. Salga del mundo donde anda, pues le esperan muchos problemas y pérdidas. Habla de malos negocios. Usted es muy violento y falta de respeto. Evite armas, vicios y cosas inmorales que pueden destruir su reputación. A usted le pueden tender una trampa y salir mal e ir preso. Pues este signo habla de persecución. Dice que todo le sale mal y lo puede perder todo.

Por lo tanto, Refecciones, no viaje, múdese de donde está. Pues sus enemigos lo quieren destruir y le están haciendo brujería mala para que usted no progrese. Dice que usted no maltrate a su compañera ni niños. Habla de mucha violencia, incrédulo, faltan con los mayores y el fuego que lo va a quemar, si usted no recapacita.

Dice esta letra oddu que alguien se puede morir en su casa, que usted no permita a nadie en su hogar que se quede. Usted tiene la cabeza muy caliente como el fuego y esto se debe a la vida que usted quiere vivir. No maltrate a nadie ni los animales. Usted tiene que respetar lo ajenos. A usted lo quieren engañar con un hijo que no es suyo y le quieren hacer amares.

No beba ni tome sin antes ver de quien viene. Pues lo pueden hechizar con una bebida. Tiene que respetar los santos para que todo cambie. Haga ebbo (limpieza), atiende a Chango, y Agallu. Racimo de plátanos, harina con Guingánbo. Santos que hablan Oya, Chango, Agallu, Elleggua, Ochosi, Obatala, San Lázaro y los mellis, dada

OFUN/OCANA No. 10-1
Maldición Fenómenos

Dice el signo de Ofun/Ocana, que lo que usted ve de otro, no lo emite. Que nunca quiera saber más de la cuenta. Este signo dice que usted no puede seguir haciendo cosas malas que se le va a descubrir todo lo malo y se verá en grandes problemas hasta con la justicia. Habla de enfermedad, maldición y arrastre del pasado. Usted tiene que tener mucha cuenta, ya puede hasta contagiarse. Evite relaciones impropias. Habla de enfermedades venéreas. Este signo de Ofun/Ocana habla de fenómeno del otro mundo y niños imperfectos. Dice que usted no tiene tranquilidad en su casa y hasta puede fallecer alguien familiar y hasta un niño.

Dice este oddu que Usted se incomoda de nada y no duerme bien. Habla de malos espíritus que lo rodean. En este signo habla de embarazos en su casa. Se escucha el llanto de un niño. No puede criar hijos ajenos por la consecuencia de este. No diga sus secretos a nadie ni averigüe lo de los otros. Pues puede pasar un susto hasta de muerte. Usted no puede tener cosas de muertos ni recuerdos de cenizas ni personales de algún difunto dentro de su hogar. Hay una revolución, desacuerdos, peleas y pleitos. Si la llaman al andar, no conteste ni abre la puerta de noche.

Usted tiene que darle de comer a la tierra y hacer lo mismo con su casa, de le comida a los muerto del lo que come. Vístase de blanco. Hágale algo al Santísimo, para que una suerte le pueda venir si recapacita y hace las cosas bien. Hágale misa espiritual a seres familiares. Santos que hablan, Ardua, Obatala, San Lázaro, Agallu, Orula, Yema, Oggun y Orichaoco. Amen Aleluya que aprender es de sabios

OFUN/EYIOCO No. 10-2
Maldición Fenómenos Y Guerra

En este oddu signo de Ofun/Eyioco, que su enfermedad puede ser de gravedad por su modo de vivir y puede ser infectado. Dice este signo que su cabeza no anda bien. En este signo se le hacen ofrendas a los muertos dándole comida de la casa. Ofun/Eyioco habla de tragedia en la familia. Tiene que tener mucha cuenta con los niños en este. A usted le quieren desbaratar su hogar para que se rompa su relación.

Por lo tanto No diga sus secretos a nadie. Sus enemigos velan sus movimientos. No diga para dónde vas. A usted la envidian, aunque no tenga nada. Evite pararse en las esquinas ni escalera. Usted tiene que ir al médico para chequearse internamente.

Este signo oddu letra de Ofun Eyioco 10\ 11 habla de tristeza y un sentimiento con alguien que le pago mal y le causo bochorno en su vida. Usted se tiene que hacer santo para que todo cambie a su favor. Usted tiene que hacerle misa a los muertos y a un ser familiar.

Usted se desvela y tiene insomnio y es cosa de espíritus que la molestan. Respete los hombres ajenos. Usted tiene que controlar su genio. No use la violencia y respete los mayores. Evite pleito, pues se puede ver en líos con la justicia y hasta ser agredida. En este signo de la pobreza, le puede venir una riqueza. Santos que hablan Obatala, Ochosi, Ochun, Oggun, Elleggua, Ordua, Yemaya, Osian, Oya y yegua

OFUN/OGUNDA No. 10-3
Sangre Tragedia Maldición

Dice este signo oddu de Ofun/Ogunda, que usted se quite de su mente agredir a una persona. Pues lo espera el presidió si usted no controla su genio. Este signo habla de sangre, tragedia, enfermedad, operaciones, ulceras y hasta sangre contaminada. Por lo tanto, tiene que chequearse con el médico. Usted tiene que tener mucha cuenta con robo, engaño y traición. No deje nada suyo de ropa regada, ya que lo quieren amarar con brujería.

No discuta en su casa ni maltrate a los suyos ni, a los perros. Evite la violencia. El mal genio que no lo va a conducir a nada bueno. Dice este signo que la justicia la sigue, que no guarde nada de nadie por su bien. Este signo es de peligro, tragedia y sangre. Usted no hace caso. Es muy cabeza dura y un poco irrespetuosa. Usted tiene una guerra con alguien que usted cree que ya termino y no es así.

Por lo tanto Tenga precaución de donde la inviten que no sea una trampa que le quieren hacer. Este signo habla que usted tiene que atender el santo y los muertos para que pueda adelantar en su camino. Tenga cuenta con quien hace relaciones que valla coger unas enfermedades venéreas. Ruegue mucho a los santos y los muertos. Usted puede recibir una riqueza. Por lo tanto reciba mano de Orula y Osian santos que hablan obatala Orula ardua los muertos Lázaro ochun y oya y yema

A usted le puede venir una riqueza si hace las cosas bien. Tiene que recibir Osian.

Aquí habla Obatala, San Lázaro, Oggun, Ochosi, yegua, Osayin, Oya y Yemaya. Evite pleitos con los hijos de megua sea de obatala.

OFUN/IROZO No. 10-4
Muerte Esperando,
Fenómenos, Maldiciones

Este signo de Ofun/Iroso, le advierte a la persona que no sea curiosa. Que respete los secretos ajenos. Dice que usted tenga cuenta con su vista. Usted es muy cabeza dura. Irrespetuosa con los mayores. Deje las porfías y pleitos, ya que usted no duerme bien y vive intranquila. Su vida está llena de disgusto y tropiezo. Usted guarda mucho rencor. Usted padece de insomnio y le da dolor de celebro. En su casa, hay un niño que se le tiene que hacer santo tarde o temprano. También puede ser un familiar enfermo para que se salve tiene que hacerse santo.

Usted tiene vista espiritual y ve cosa en su casa y ve sombras. Usted no se meta en chisme ni divulgue nada de nadie. Evite contratiempos. No crea saberlo todo. Respete lo ajeno. Usted vive asustada por algo malo de su pasado. Tal vez, un fracaso. Este signo habla de enemigos oculto. Usted tiene que tener las velas en platos y apagar bien la estufa. Pues habla de fuego.

No mire por agujero ni brinque hoyos. Usted no se incomode ni se llene de rabia. Tiene que atender los muertos y los santos. Hacer misa espirituales. A usted la maldicen. Habla de embarazo y abortos. Tenga cuenta. A usted le puede venir una riqueza, si hace la casa bien. Evite ir a velorios y hospitales. Póngale corona a Elleggua Cofa o mano de Orula. Santos que hablan Obatala, Yemaya, Orula, Oya, INLE, Dada y Agallu.

OFUN/OCHE No. 10-5
El Muerto Le Quita Lo Del Santo

En este signo oddu el muerto le quita lo del santo. Habla de maldiciones, fracaso y disgusto. El signo de los fenómeno, usted tiene que cuidarse mucho de accidentes y tragedias. Usted le debe hacer algo como una fiesta o una ofrenda a la Santísima Virgen de la Caridad del Cobre (Yalorde), para que sus cosas puedan cambiar en su vida.

Dice este oddu letra por boca del santo que a usted le echó una maldición que corre en su familia. Un arrastre entre que ha causado tragedia y muerte de repente. Tiene que cuidarse de robo y de la justicia. Usted debe ir al médico y chequearse la sangre. A usted le espera una riqueza en su vida. Pídale a Ochun y juegue. Pues se puede pegar ya que la ruleta de la fortuna le viene a visitar.

Límpiese con plantas dulce. Ruéguese la cabeza y haga ofrenda a los muertos. Tiene que coger Cofa o mano de Orula para espantar la muerte. No dude mas ni sea cabeza dura. Oiga los mayores y respete y usted verá. Haga su vida con una sola persona. Respete lo ajeno. Cuidarse de enfermedades venéreas. Se tiene que hacer limpieza para quitarse el muerto oscuro. Hágale misa espiritual a los fieles difuntos a un ser familiar que necesita un levantamiento. Si usted ha hecho promesa, compleméntelas. No abortos. Atienda a San Lázaro. Aquí habla Obatala, Ochun, Oya, Elleggua, Orula, INLE y Yemaya.

OFUN/OBARA No. 10-6
Tres Presos Rey No Miente

Dice este oddu signo que usted tiene que evitar actos deshonrosos, vicios y bebidas. Tenga mucha precaución donde lo invitan. Pues puede hacer una trampa. No revele los secretos, ni nada de sus negocios. A usted lo está vigilando y puede ser la justicia. No parta por la primera. Controle su genio. Debe mudarse de donde vive. Se le puede descubrir secreto del pasado y tener un bochorno.

Este signo letra oddu de Ofun Bara habla de lágrimas y disgusto. Usted duda mucho y es por eso que no sale adelante y cuando lo logra, se le desbarata todo de repente.

Dice Ofun/Obara, que usted piensa mucho y no duerme bien. Usted tiene que tener todo recogido y tapar cualquier agujero en su casa. Pues la muerte está sentada en su hogar. Este signo es donde nace lo bueno y lo malo. Signo de maldiciones, brujería y envidia. Usted tiene una marca en su cuerpo. Mire lo que le dan a guardar. Habla de robo y desconfianza y acusaciones.

Por lo tanto En este signo se debe atender los muertos y los santos. Tiene que tener algo de Orula, sea Cofa, o mano de Orula para evitar la muerte. Respete los mayores y a Obatala que es el que lo puede salvar. Evite vicios. Respete lo ajeno, no maldiga ni eche maldiciones ni se desea la muerte.

Habla de posiciones en trabajos de recompensas que usted tendrá. Haga el bien lo mas que pueda. Aquí habla Obatala, Chango, Ochun, Ardua, Yegua, San Lázaro, Orula, Osian, Elleggua y INLE Agallu.

Evite líos con los hijos de megua:" {obatala} y respete a chango y los santos Orishas. Amen Aleluya y sigamos con la santería

OFUN/OLDI No. 10-7
Lo Interno Operaciones

En este signo oddu de Ofun/Oldi, habla de espanto y apariciones fenómenos. Evite mirar por agujeros. No averigüe cosas de los ajenos. Usted tiene que evitar mirarse mucho por espejo. No conteste si oye voces. No mire atrás seguida, si siente algo detrás de usted. Al oír su nombre, no abra la puerta de noche. Si es lo vienen a llamar, de noche duerme con la luz prendida. Aquí dice que un muerto oscuro la perturba y que la muerte está sentada en su casa.

Por lo tanto Habla de persona enferma en su casa. Usted evite pleitos, pelea y discusiones. A usted le envían muertos oscuros para que todo le salga mal. Muchas gentes hablan mal de usted y su reputación. La quieren poner por el piso. No ande desnuda por la casa ni se mire desnuda en el espejo. Evite mojarse con agua de lluvia. No ande tarde en la noche en la calle.

A usted la odian y hay quien quiere que usted no sea feliz con nadie y la maldice. Evite vicios en su casa. Usted no cree y es incrédula con usted mismo. No deje botella destapadas ni coma boniato, maní, batata, ni nada de adentro de los animales. Usted es espiritista y tiene dones. Nació para adivinar, pero duda de todo hasta de su propia sombra.

Evite andar de placer a placer vicios, Pues esto le puede traer una enfermedad mortal. Respete lo ajeno sea hombre o mujer. En lo profundo de este signo, habla el sentimiento, rencores y venganza. Evite todo esto y vera todo cambiar en su vida. Respetes los mayores. Haga misas espirituales. Baldee su casa con planta fresca. Ponga un altar con agua. Haga misa a un ser familiar. Aquí habla Obatala, Yemaya, Oggun, San Lázaro, INLE, Orula, Oya y Osian.

Evite pleitos con los hijos de megua, obatala y quiera mucho a Yemaya estire la mano hasta donde usted pueda no malgaste lo Zullo respete los Orishas y vera su vida cambiar. Amen

OFUN/ELLEUNLE No. 10-8
La Cabeza Signo De Orula

En este signo {oddu} de los caracoles de Ofun/Elleunle, no se puede tener recuerdo de muertos en la casa ni botella ni la casa revolcada ni botellas destapadas. Este le trae atrasos en su vida. No guarde nada de muerto, ya que aquí en este signo letra oddu, dice que la muerte está en su casa sentada. Tenga precaución a quien entra en su casa porque le pueden robar. Evite actos impropios y vicios en su casa. Este signo es de respeto a los mayores y coger consejo.

Por lo tanto No reniegue ni sea tan incrédula para que sus cosas puedan cambiar. Usted no debe tener relaciones con distintas personas. Ya que uno de ellos le puede pegar alguna enfermedad venérea. Usted tiene que hacer cambios en su casa y no amontonar las cosas. Dice que Botes lo que no sirva y mudarse de dónde vives. A usted la han engañado mucho y por esto usted está llena de venganza. No guarde tanto rencor. Evite pleitos, peleas y enredos amorosos. Ya que de de su reputación, hablan muy mal.

Por lo tanto no maltrate su vida en no quererse. Aun que su vida ha sido de sufrimientos, engaños y traiciones. No le diga a nadie sus secretos ni comente nada de nadie. A usted le echan brujería y usted no duerme bien. Con usted tiene una guerra plantada para acabar con todo lo que usted se relaciona. No abre la puerta de noche. Usted vive con dudas por algo del pasado que se le puede descubrir. A usted la pueden acusar con la justicia. Haga ebbo (limpiase). Atienda los santos. Haga misa espiritual. Vista de blanco lo más que pueda. No maldiga. Habla Obatala, Ardua, San Lázaro, Ochun, INLE, Oba, Agallu, Elleggua y Osian, yegua

OFUN/OSA No. 10-9
Muerto Oscuro
Maldición Enemigos Brujería

Dice este signo de Ofun/Osa, que uno no puede ser todo lo que le dicen, ni arriesgarse por nada. Ya que aquí, el mono se enredo y se arco por su propio rabo. Dice que usted tiene que cuidarse de los vientos y la garganta. Tenga mucha precaución con niños ajenos o suyos. Dice Ofun/Osa, que usted se encuentra muy disgustada con todo y hasta pierde su fe. Dice que usted tiene que alejar de vicios y actos impropios que se le pueden descubrir y pasar por bochornos y desprestigio. Dice este de Ofun osa 10\ 9que por sus faltas, los santos y los muertos están de espalda a usted.

Usted tiene dudas que la atormentan, no duerme bien y carece de descanso mental. Ya que usted de día y de noche los pensamientos no cesan para un descanso. Cuidado con embarazos, pues aquí en esta letra oddu habla de fenómenos. Dice que su salud no anda nada bien. Dice Ofun/Osa, que a usted la calumnian y le hacen brujería para que usted no progrese.

Por lo tanto dice que existe una maldición en su familia. Dice que la muerte y la enfermedad están en su casa. Tiene que baldear con cosas de Obatala. Tiene que hacer ebbo (limpiarse) con leche de cabra, cacao y cascarilla y echar su baño de quita la maldición para que alguien se pueda recuperar del mal que lo aqueja. Esto incluye a usted también.

Este signo de Ofun/Osa, usted tiene dones espiritual, pero es muy incrédula por algo que le sucedió. A usted le gusta el palo la religión conga. Acepte lo que Olofi le dio. Tiene que tener cofa o mano de Orula. Atender los muertos y los santos. Aquí habla Obatala, Ardua, San Lázaro, Orula, Oya, Agallu, Osian y Ochun. No pelee más con su ángel guardián ni con los santos, especialmente con los hijos de megua obatala.

{OFUN MELLI} No. 10-10
Fenómeno Muerte Maldición

Dice este signo, oddu de Ofun Melli, 10\ 10 que la muerte y la enfermedad están en su casa. Que usted no tiene reposo, ni físico ni mental. Sus noches son de sonámbulos sin poder dormir. Aquí hablan los fenómenos y las maldiciones de una familia. Aquí dice que tenga cuenta con acusaciones falsa que le pueden hacer. Usted pelea hasta con su propio ángel guardián. No respeta y por eso está pagando tantos trabajos.

No discuta, no reniegue y no haga apuesta, ya que todo esto lo perjudica. Usted es falta de respeto hasta con los mayores. No averigüe secretos ajenos ni diga los a nadie. Su regla está detenida y si es hombre, cuidado con amare o impotencia. No falte más, respete y atienda los Orishas y los muertos. Usted tiene una maldición y trabajo de muerto oscuro. Para destronarlo y verlo pasar trabajos por la vida.

A usted no le conviene tener disgustos familiares. Tiene que coger las cosas con calma y no pensar tanto. Dice que los disgustos le pueden causar la muerte. Dice Obatala, que se tiene que hacer ebbo (limpiarse) con leche de cabra, cacao y cascarilla y echarse su baño de quita maldición. Dice que tiene que hacer las cosas en su vida. Evitar los pleitos con la justicia. De este signo, hablan los quistes y tumores.

Tenga cuenta, aquí nació la maldición el bueno y lo malo. Usted escoja el camino y debe coger cofa de Orula o mano de Orula y pasar para Oluo babalao echarse el baño de Ofun, si es santero o hacerse un paraldo con el babalao. Tenga todo recogido no coma nada de adentro de los animales ni guarde nada de muertos Aquí habla Obatala, Ardua, Orula, Chango, San Lázaro, Ochun, Elleggua, los Melli y los muertos yegua.

OFUN/ Ojuani CHOBE No. 10-11
Ruinas Y Fenómenos

Dice este signo, oddu de Ofun/Ojuani, que evite ver las cosas a su modo, ni proteja tanto a una persona dentro de su casa con vicios. Habla de abortos y fracasos. Dice que no sea curiosa y quieras saberlo todo. No averigüe los secretos de nadie, ni destape lo que usted no sabe. Pues puede pasar un gran susto. Dice este signo, que usted vive intranquila y que la justicia puede sorprender a usted o un ser familiar. No permita vicios ni bebidas en su hogar, ni encubra a nadie.

Dice este signo, que a usted le pueden tender una trampa y acusarla por algo que no es de usted culpa. No guarde nada de nadie que sea fuera de las leyes. Evite un pleito con una persona que usted le quiere dar de golpes. A usted la están vigilando. Cuidado no valla ir preso o presa.

Evita hablar de los demás. Pues algo usted dijo y la persona se ha entera y le puede traer problemas. Usted está muy caliente. Quiere inventar dinero y no tiene paz, ni con los suyos. No juegue de mano con nadie, ni diga para done va. La guerra y la candela y la revolución esta prendida, para que usted no tenga paz.

Más esto se debe a que Usted no respeta las cosas ajena, ni las mujeres ni los hombres. Usted tiene deuda con los Orishas (santos) y los muertos. Tiene que hacerle misa espiritual alguien de su familia. A usted le pueden acusar de robo por algo. Tenga precaución. Sus sueños no son claros y se desvela. Vista de blanco, respete y quítese los malos pensamientos. Aquí habla Obatala, Elleggua, Yemaya, Orula, Chango, Yegua y San Lázaro. Amen

{OFUN/EYILA} No. 10-12
Candela Y Maldición

Dice este signo oddu de Ofun/Eyila, que usted se puede ver con líos con la justicia. No diga lo suyos, pues lo van a vender. Dice Chango, que usted está caliente y usted no lo siente. Evite los malos, vicios, bebidas y actos impropios. A usted le prenden tender una trampa. No se pare en las esquinas, ni guarde nada de nadie, ni use arma de fuego. Usted por algo que le pasos, le han echado una maldición para que usted no progrese en nada. Evite salir a fiesta y para andar por unos cuantos días. Pues lo pueden aprender. Dice este oddu que cambie de rumbo y no le diga nadie dónde vas ni de dónde viene.

Dice el oddu de Ofun/Eyila, que no vista igual a nadie. Pues lo pueden confundir y hasta matarlo. Usted tiene que respetar lo ajeno. A usted le pueden acusar de un robo. Este signo habla de ruinas, maldiciones y tropiezos. A usted lo molesta un muerto oscuro por una embaición o maldición. Respete los mayores. Dice que adentro de su hogar, existen muchas falsas de desafíos y pleitos. Evite viajes hasta que no se limpie. Usted no puede admitir a nadie en su casa, ni permitir de respetos de hijos, ni vicios en su casa. Dice que mientras el gato está afuera, el ratón hace lo que quiere. Habla deshonra, fracaso y envidia. Sea como es, no quiera emitir a nadie. Habla Obatala, Chango, Agallu, Dada, Yegua, Ochosi y Elleggua. Amen Aleluya y sigamos adelante con la Santería.

{OJUANI CHOBE/OCANA Sode} No. 11-1
Ruinas Desobediencias

Este signo oddu de Ojuani Chobe/Ocana, habla de una persona mala agradecida, falta de respeto y con malas intenciones, de agredir a alguien. Dice este signo, que usted es muy falta de respeto con sus mayores. No respeta ni cojee consejos. Dice que usted es ambiciosa avaricioso que todo lo quiere tener de una forma u otra. No importando como sea y es por eso que usted puede parar preso, o le den de golpes. Usted tiene un mal genio y falta respeto a todos los que los rodean, incluso los suyos. Por eso lo odian y le echan maldiciones, por lo que usted ha hablado mal de una persona y se ha enterado.

Dice que usted vive maldiciendo, pelea por nada y maltrata a todo el mundo a su alrededor. Dice este signo, que usted se convierte en un incrédulo, hasta con sus santos y sus muertos. Que Eshu lo está acariciando y luego lo manda al fuego. Dice que usted tiene enemigos de ayer y de hoy que lo quieren mal. Le tienen antipatía.

Usted tiene que evitar vicios y bebidas. Nunca se emborrache ni se endrogue. Pues puede perder hasta su vida, por amistades de mal gusto y fuera de la justicia, que usted frecuenta le puede traer, líos y prisión. Usted es atrevido y le gusta lo ajeno hasta las personas con prometida. Tenga cuidado. Evite pleitos, puede verse la sangre correr. Tiene que tener cuenta con robo. Usted tiene que hacer ebbo (limpieza) rogarse la cabeza y atender los santos y los muertos. No discuta más. Santos que hablan: Elleggua, Oggun, Ochosi, Yemaya, Agallu, Chango, y Obatala. San Lázaro.

OJUANI CHOBE/EYIOCO No. 11-2
Tragedia Y Guerra

Dice este signo oddu de Ojuani Chobe/Eyioco, que usted está padeciendo de salud. Que no reniegue que no ensucie el agua. Pues el santo es su salvación. Usted no le puede negar el pan a nadie. Usted se encuentra con un paso de depresión celebrar, como si usted tuviera loco. Evite las guerras y la porfía en su casa. Hay persona enferma. Usted es muy atrevida. Evite todo lo malo. Tenga cuenta con quien anda. Pues de seguro le traerá problemas con la justicia. Tiene que cuidar los niños. No maltratarlos.

Este signo de Ojuani Chobe/Eyioco, es muy profundo y usted debe respetar a su ángel guardia y sus Orishas. Usted debe hacer limpieza a su cabeza, refrescarla con plantas y frutas. Pues las cosas están muy caliente con usted le tienen una guerra y una trampa. No valla donde lo inviten. Cuidado al tomar bebidas. Usted hasta puede tener una tragedia. Por eso se tiene que limpiar su casa. También, este signo es de guerra, enfermedad y tragedia.

Aquí se puede perder, todo ya habla la ruina. Respete a los mayores. No vista igual a nadie, pues lo pueden confundir y darle de palo. Usted si no enmienda sus errores, se puede ver enfermo o preso. Usted no use armas ni permita nadie en su casa con vicios ni guarde nada de nadie. No firme ni haga negocio. Turbios usted volverá al campo. Santos que hablan: Elleggua, Ochosi, Oggun, San Lázaro, Obatala, Yemaya, Orula y los muertos.

Ojuani CHOBE/Ogunda No. 11-3
Tragedias Y Sangre

Este signo Ojuani Chobe/Ogunda, es de personas con faltas y des respeto a los Santos y a Olofi (Dios). Dice que la mala lengua le puede traer desgracia y hasta la muerte. Aguante la lengua, ya que lo que usted habla mal de otro lo dice y usted puede hasta encontrar la muerte. Ya que este signo habla de sangre y tragedia, dice que el mal pensamiento de agredir a alguien, no lo haga por que puede ir preso. Respete los demás y no ceda cruel con nadie ni con los suyos. Pues el castigo puede ser las consecuencia de lo que le pueda pasar. Dice este oddu que no maltrate los perros. Usted tiene que tener cuenta con el hierro y con hincada. Ya que le puede dar tétano.

Dice este por boca del Santo, que Usted tiene que cuidarse el vientre de ulceras, ya que puede venir una operación. Por ahora, dice este signo, que no se embargue y que el negocio que tiene en mente tenga cuidado con una trampa. Primero tiene que hacer ebbo (limpiase) con carne de res y manteca de corojo. Limpiarse con tres huevos y pónselo a Elleggua por tres días igual con la carne de res y luego botarlo.

Evite armas de fuego y bebidas alcohólicos. Usted tiene deudas con el Santo y con Obatala. Por sus faltas, no amenace, ni se desee la muerte. Usted tiene que hacerle misa a un muerto suyo para que lo siga protegiendo. Usted puede estar enfermo y solo haciendo ebbo (limpieza) se recuperara. Habla Elleggua, Oggun, Ochosi, Olokun, Chango, Ordua, Los Ibeyis, Yegua, Yemaya y Ochun.

OJUANI CHOBE/IRISO No. 11-4
Tragedia El Hoyo

Dice este signo oddu de Ojuani Chobe/Iroso, que la soberbia y la intranquilidad por la que usted está pasando, es porque usted no hace caso, ni quiere oír consejos de mayores. Dice este {oddu} letra que el sentir que usted siente con seres familiares y su compañero, la está matando por dentro. Su vida a veces esta alegre y de momento triste. Usted ríe, pero por dentro llora. Este signo habla de separaciones, disgusto, lagrimas y desacuerdo. Este signo es como las dos caras de la vida y lo profundo del alma. No reniegue más. Usted tiene vista espiritual y ha soñado con el mar. Usted ve los espíritus, pero no hace caso de sus sueños.

Dice este oddu por boca de los caracoles que No averigüe chisme ajeno, ni se meta usted en líos de nadie. Dice este oddu que usted esta careciendo de salud. No duerme bien y se aqueja de su vientre, tenga cuenta. Valla al médico a tiempo. Dice que usted tiene que refrescar su cabeza con frutas y ponerle a los santos y los Ibeyis (gemelos) (Ibeyis), dulce frutas. Este oddu habla de Ponerle una corona a Elleggua y recibir Osun de su tamaño.

Usted aunque tenga gente a su alrededor, se siente sola y triste sin consuelo. Muchas veces quisiera desaparecer. Cuidarse de la candela y los rayos. Usted a la larga obtendrá una herencia en parte de campo. Dice que si usted no se quiere, nadie la puede quiere. Usted tiene dudas de una paternidad. Cuidado Atienda los santos y los muertos. Aquí habla Olocun, Obatala, Dada, Agallu, los Ibeyis (gemelos) (Ibeyis), Yemaya, Chango, Orula, INLE y Elleggua. Amen que aprender es de sabios

OJUANI CHOBE/OCHE No. 11-5
Tragedia Por Brujería

Este signo oddu de Ojuani Chobe/Oche, es de envidia, traición, brujería, embaiciones confabulación en su contra, enfermedad de la sangre y padecimiento del estomago. Dice este signo, oddu por boca de ochun, la Caridad de Cobre que (Ochun) la protege. Tiene que hacer ebbo (limpieza), ya que los enemigos le hacen brujería y tienen una trampa para destruirla de algo que usted cree que terminado pero no es así. Usted está pasando por momentos muy duros hasta el punto de perder hasta su casa. Usted se tiene que limpiarse en el río y sonar una campana. Echarle miel en el río a Ochun. Llevarle una ofrenda y dejar que se lo lleve la corriente.

Dice este signo oddu por boca de los santos {Orishas], que usted tiene virtud, un don espiritual, pero reniega hasta de lo que usted tiene. A usted no le puede faltar un altar y si lo tiene, está abandonado. A usted la pueden culpar de algo que usted no ha cometido. Evite las bebidas y las fiestas. Tiene que hacerle misa espiritual a los muertos. Usted ayuda, pero a la hora de recibir algo, hasta la familia le da la espalda. No diga sus secretos a nadie. Usted no les puede faltar a los mayores.

Por lo tanto obviamente usted tiene que evitar pleitos, ya que los disgustos que usted tiene le pueden hacer daño. Respete lo ajenos. Cuidado con enfermedades venéreas. No abortos. Tenga cuidado donde la inviten y mayormente de noche. Cuidarse de robos en su vida. Le espera una suerte. Juegue billetes. Puede tener un hijo de Elleggua. Refresque su cabeza con plantas frescas y frutas. Pídale a Ochun y Elleggua. Hágale una misa espiritual a un ser de sus mayores. Dice este oddu que usted puede vencer la guerra si se afinca a los santos {Orishas}. Habla Elleggua, Ochosi, Ochun, Obatala, Chango, Orula, Agallu, Obatala. Amen aleluya, que falta mucho que aprender.

OJUANI CHOBE/OBARA No. 11-6
Tragedia Fuego

Dice este oddu (letra) Ojuani Chobe/Obara, por boca de Elleggua y Chango, que usted no puede húsar la violencia ni maltratar a su compañera. Dice que no sea ingrato con sus semejantes. No hable más de nadie y respete los mayores de familia y de santo. Habla de separación. Tenga cuenta con la justicia y no use la violencia. Habla de un negocio en el camino, pero primero, tiene que hacer ebbo (limpieza). Usted viajara a un campo y al larga vivirá en el. No porfíe, ni diga que todo lo sabe. Pues usted tiene guerra en su contra y mala lengua que lo quieren destronar. Dice que no discuta en su casa ni, levante las manos a su compañera.

Dice este oddu de Ojuani Chobe Bara que tiene que respetar las muyeres o hombres ajenos. A usted le pueden meter gato por liebre en una paternidad. Usted debe de darle de comer a la tierra y a su cabeza. Ponerle fruta a los santos y a los Ibeyis (gemelos). En su familia, pueden nacer Ibeyis (gemelos). Usted teme por su reputación por algo del pasado que se le puede descubrirse. Tenga mucha cuenta con vicio y no bebes. Tenga cuidado con la candela. Respete los ajenos. Usted tendrá algún hijo que puede ser Babalao. Usted tiene que respetarse a sí mismo. No reniegues y quiérete a sí mismo. Usted tiene muchas indecisiones en su vida y es por eso de tantos fracasos. Usted puede ser un adivino, pero no hace lo que tiene que hacer. Atienda los santos. Aquí habla Elleggua, Chango, Ochun, Orula, Obatala, Agallu y Yemaya.

OJUANI CHOBE/OLDI No. 11-7
Traición Y Tragedia

Este signo letra {oddu} de Ojuani Chobe Oldi habla de pérdida, indecisiones y traición. Que usted sigue recogiendo agua con canasta rota. Que usted no escarmienta que sigue haciendo las cosas mal hechas, hasta el punto de que puede perderse en vicio o ir preso. Evite los pleitos en su casa. Usted le está vigilando por algo del pasado. No permita a nadie con vicio en su casa. Usted tiene una guerra y sus enemigos lo quieren destruir. No falte el respeto a los mayores ni mal trate niños. Mire lo que hace y lo que dice, ya que enemigo se puede enterar. Usted es muy parrandeo, fiestero. Tenga cuenta con lo ajeno para evitar pleitos,

Dice este {oddu} de Ojuani Chobe Oldi, que no vista igual a nadie, pues lo pueden confundir y agredirlo. No levante la mano a las muyeres. Respete las hijas de Ochun para su salvación. No diga sus planes lo que tiene en mente. Hágalo, pero primero se refresca su cabeza. A usted lo vigilan sus paso y lo que hace no diga para dónde vas. A usted le envidian y le desean mal. Dice este signo Ojuani Chobe/Oldi, que usted tiene que darle de comer a los santos y los muertos. Refrescarse con baños de plantas por siete días para que una suerte llegue a su vida. Usted tiene que tener mucha cuenta con sus relaciones, pues le pueden enfermar. Usted tuvo todo y lo perdió, pero haciendo las cosas bien lo puede recuperar. Este signo habla de enfermedad. No discuta más. Habla de matrimonio. Aquí habla el mono y el cazador, haga ebbo (limpiase). Habla Elleggua, Yemaya, San Lázaro, Obatala, Orichaoco, Ochosi, Oggun, los muertos y la tierra y el mar.

OJUANI CHOBE/OBE No. 11-8
Fracasos Por Mal Genio

Dice este signo de Ojuani Chobe/Obe, que tiene que tener mucha cuenta por algo que usted ha dicho o ha hecho. Existe una venganza con usted. Dice este signo que usted tiene que respetar los ajenos y que no sea tan celebrar. Respete las mujeres u hombres ajenos. Usted no debe de discutir ni tener pleitos. Algo malo que usted está haciendo se le puede descubrir. Respete los mayores. Coja consejo. Atienda el Santo y a Elleggua. No coja la violencia por sus manos ni reniegue. Usted puede hasta ir preso. Evite vicios y bebidas. Usted tiene pleito con alguien que usted creé que termino y no es así. No se meta en chisme ni los averigüe, pues usted saldrá perdiendo. Usted tiene muchos enemigos que lo quieren mal y lo envidian.

Dice este de {Ojuani Chóbe| obe}, que al que usted levante, luego se cae usted. Evite prestar y mirar bien a quien ayuda en la vida ya que a rey muerto príncipe coronado. Usted tiene que hacerle una misa espiritual a un ser familiar. Usted tiene que atender sus cosas. Refrescarse la cabeza por tres días con agua. Habrá la puerta, habrá la llave de la pluma y haga incienso y pídale a Yemaya y Obatala para calmar a Eshu. Pues por su culpa y por el abandono, el lo castiga. Pídale que lo defienda y usted verá como todo cambia en su vida. Dice este signo, que siembre para que coseche frutas en los Orishas y ofrendas de ley de comer a Eshu Elleggua. Habla Elleggua, Yemaya, Obatala, San Lázaro, Ochun, Ochosi, Oggun y Oba.

OJUANI /OSA No. 11-9
Pleito Pendiente De Enemigo

Dice el signo (oddu) de Ojuani Chobe/Osa, que usted siente en su casa cosas extraña, ya que el ambiente que la rodea no se respira paz. Ya que lo que ay es una revolución de peleas, desacuerdo y esto solo, la va a llevar a las ruina. Este signo {} de Ojuani Chobe osa habla de enfermedades en su casa. Usted tiene que atender a un niño en su hogar. Si oirá llantos de niños. Aquí habla de traición, trampa, odio, brujería con usted. No permita a nadie que se quede en su casa y menos vicios o bebe latas. Pues le traerá problemas y hasta con la justicia puede intervenir. No juegue de manos ya que alguien se puede agobiar y culparla a usted.

Dice que mucho de los agobios y tropiezo es su culpa por no hacer caso y renegar. Abra bien los ojos y calme ese mal genio. Usted tiene que evitar pleitos y tantas guerras. Usted vive intranquilo y le gusta salir mucho de noche y puede pasar un susto. Usted puede quedar embarazada. Usted tiene que respetar los ajenos y de no contagiarse con una enfermedad. Usted no debe de andar en malas compañías, ya que usted puede pagar lo que otro hace. No guarde nada ilegal en su casa ni a persona que lo estén buscando le de refugio. Usted nació con una maldición de familia. Atienda los santos y los muertos. Hágale una misma. Atienda mucho a Elleggua. Aquí habla Elleggua, Oggun, Ochosi, Yemaya, Oya, Obatala, Ochun y San Lázaro.

OJUANI CHOBE/OFUN No. 11-10
Enfermedad Tragedia

En este signo oddu dice que usted no sea curiosa, averigua y no quiera saberlo todo. No quiera saber los secretos de otros ni diga los de usted. A usted le gusta saber lo de los demás y por eso usted siempre está en pleitos y guerra, ya que sus enemigos quieren acabar con usted por chismosa. Evite soltar tanto la lengua que no vaya a ser que se la quieran cortar. Evite chisme y no sea envidiosa ni renegue tanto. Habla de persona irrespetuosa que le gusta los ajenos si es mujer, hasta hombres si es hombre las mujeres. Por eso tendrá problemas ya que otras personas se enteran. Usted no duerme bien le cuesta salir por las noche. Usted puede tener tragedia y que le den de golpes. Tenga cuenta con lo que usted está haciendo mal, pues se le puede descubrir y hasta puede ir preso.

Dice este de Ojuani Chobe | Ofun que no porfié ni quiera saberlo todo. Respete los mayores y no sea incrédulo. Respete los santos. En este signo habla de maldición, muerto oscuro que la quiere ver arrastrada. No tenga malas amistades. Evite los vicios y bebidas en su casa. No diga sus cosas. En su casa hay enfermedad, un muerto malo y la muerte esperando el turno. Habla de fenómenos. Usted empieza bien y todo se le cae y no tiene felicidad ni paz. No rompa por la primera. Hágale misa espiritual a los muertos. Obedezca, Cambie para bien. Atienda los santos y a Eshu Elleggua. Habla Elleggua, Ochosi, Obatala, Ochun, San Lázaro y Yemaya.

OJUANI CHOBE MELLI Ruinas Pérdidas No. 11-11

Dice este signo {oddu} de Ojuani Chobe Melli, le dice a la persona que el guapo siempre muere en mano del más cobarde. Que no se crea el más bravo ni el más fuerte. No amenace ni use armas de fuego. No sea tan Faltón. Respete a los mayores. No sea ingrato con los demás. Pues lo espera la cárcel o el cementerio. Este signo habla de perdidas ruinas malos negocios. Evite guardar nada que lo pueda perjudicar en su casa porque la justicia le puede dar una vista cuando menos usted se lo crea. No use la violencia, no sea ingrato, no maltrates los demás ni a su compañera o niños. No sea mala agradecido con los que han hecho favores.

Dice que usted mal gasta lo suyo y luego saca agua con canasta rota y por eso pudiendo tener todo y nada tienes. Así son las ruinas. Usted quiere hacerle daño a una persona. Tenga cuidado que no sea que lo amaren y le den de golpes y hasta matarlo. No sea tan loco. Este signo, si usted es obediente, manso y usa su cabeza, atiende los santos y le hace misa espiritual a los muertos, le va a cambiar toda su vida por bien y prosperidad. No viaje. Hágase ebbo (limpieza). Si usted no ha estado preso, tenga cuenta dice Elleggua por una trampa. Aquí habla Elleggua, Ochosi, Oggun, Obatala, Eshu, San Lázaro, los muertos y Ochun.

OJUANI CHOBE/EYILA No. 11-12
Tragedia Candela

Dice este oddu de Ojuani Chobe/Eyila, que habrá bien los ojos que la traición está en su espalda. Cuidado con amigo y gentes que quieren desbaratar su hogar con brujería para que se quede solo en su vida. Este signo es de intranquilidad, desvíos e indecisiones. A usted lo están vigilando sus pasos y tiene persecución. Evite pleitos con la justicia. No guarde nada de nadie ni aunque sea de sangre. Ya que aquí en este signo le pueden hacer una trampa para desaparecerlo. Dice este oddu que si está usted en malos pasos, tenga mucha cuenta y evite vicios, bebidas y actos impropios ya que su reputación puede quedar por el piso, entonces, perderá todo.

En este oddu signo, habla Chango diciéndole que usted está caliente con él. Cuidado con la candela. Usted tiene que tener cuenta dónde vas y de done viene, ya pues lo pueden coger preso. No coma de nadie que usted no conozca bien. Pues aquí en este signo no se puede confiar de nadie. Pues hasta dentro del fuego, todas las maderas son iguales y no hay enemigo pequeño. Evite discusiones. Atienda los santos y hágase ebbo (limpieza), rogación de la cabeza, refrésquela con plantas fresca. No haga más disparates. Respetes los mayores. Respete los ajenos ni no reniegue más. Habla Elleggua, Chango, Ochosi, Oggun, Obatala, Yemaya, Yegua y San Lázaro. Agallu, dada

EYILA/OCANA No. 12-1
Candela Por Desobediencia

En este signo oddu de Eyila/Ocana, dice que usted tenga cuenta, ya que lo está velando para desaparecerlo de la tierra. Aquí en este signo habla muerte, traición, separación y engaño. Usted desconfía de los santos y no respeta nada de ellos y es muy desobediente. Por eso por sus faltas, usted puede pasar por muchas contrariedades dentro de su casa con familiares y parejas. Este signo dice, que usted es una falta de respeto. No sea cruel ni maltrate más, ya que usted mismo es culpable de sus malos hábitos y sus juntas. Luego quiere cogerlo como santo inocentes.

Dice este oddu de eyila ocana A usted lo maldicen y le echan brujería para trastornarlo y que no tenga paz ni reposo. En este signo, usted tiene que hacer ebbo (limpieza) y darle de comer a la tierra y los santos. Pregunte sea San Lázaro o Yemaya, pero algo tiene que hacer recibir, Olocun, o un paraldo con Orula y si no tiene santo lo mejor es que lo reciba. Este signo se le da de comer al caño para su mama o si está enferma de estar muerta. Usted tiene que hacerle misa espiritual para que lo acompañe.

Usted no puede decir para donde va ni para donde viene. Pues por una trampa, puede ir preso. Dice que usted es de mal genio. Le gusta ofender y maldecir. No use la violencia, pues la consecuencia es mala para usted. Usted le tiene que dar gracias a su Ángel de la Guardia. No guarde nada de nadie en su casa ni permita vicios ni bebidas. Hacerle un ajiaco a los muertos con una cabeza de cerdo y viandas llevárselo al monte Aquí hablan Chango, Yegua, Agallu, San Lázaro, Obatala, los muertos, Yemaya y Olocun.

EYILA/EYIOCO No. 12-2
Guerra Candela

Este oddu signo habla de personas que quieren todo de prisa. Habla la ambición, el egoísmo y por eso siempre está en guerra con todo el mundo. Usted le gusta maldecir cuando las cosas no le salen bien. No importa lo que haga para conseguir lo que quiere hasta con malos hábitos y costumbres malas. Dice este signo de Eyila/ Eyioco, que la muerte y la candela están detrás de usted por tantas faltas. Dice Eyila/Eyioco, que usted es muy vengativo y que tiene que dejar la venganza a un lado. De lo contrario, le esperan el fracaso o la justicia lo va apresar.

Dice este oddu de eyila Eyioco, que usted vive desesperado de todo y es por eso que la felicidad se le fue de las manos. Hablan separaciones. En este signo, se tiene que hacer una rogación de cabeza y refrescar su cuerpo de tanta rabia y coraje que usted tiene por una persona. Usted lo maldicen. Evite pleito y tenga cuenta con juntillas. No firme nada sin antes está segura.

En este oddu signo letra, dice que le gusta el palo mayombe. Hágase un resguardo para su protección si no lo tiene. Atienda una prenda cardero o cazuela de muerto. Hágale una misa espiritual. Tenga mucha precaución donde va. Si va a viajar, limpiase primero para evitar fracaso. Tenga cuenta con accidente, pues puede quedar paralítico. Usted tiene que evitar chisme en lleva y trae en su casa. Póngale una torre de jame a Obatala habla de tambor y de santo en la puerta. Santos que hablan Chango, Agallu, Obatala, Ochosi, San Lázaro y Yemaya Elleggua los Ibeyis y Oggun

EYILA/OGUNDA No. 12-3
Sangre Fuego

Dice este signo oddu de Eyila/Ogunda, que usted le lo quieren vender, traicionar y desacreditarlo. Usted huelle a sangre. Evite la violencia y las armas de fuego, las discusiones y sus malas intenciones de agredir a alguien. Pues las consecuencias pueden ser fatales. Dice este signo, que usted siempre le gusta salirse con la suya. A usted lo mata la soberbia y la ambición Y Quiere saberlo todo. Persona cabeza dura que no cojees consejo de nadie ni de sus mayores. Usted vive la vida en una intranquilidad y que no reposa ni duerme bien. Evite salir de noche. Respete los ajenos. No se entremeta en pleitos ni chisme. En este signo, usted puede perderlo todo, su casa, mujer e hijos. No porfié ni pelee tanto. Usted siempre esta de mal humor. Todo lo que le dicen creé que son ofensas y no es así.

Este signo letra de eyila Ogunda tiene que recapacitar. No renegar al santo ni a los muertos. Pues de ellos le puede venir una riqueza. Usted viajara. Antes de viajar, haga ebbo (limpieza) para que una suerte le llegue. Vaya al campo para curarse de males. Usted tiene que enmendar su vida. Tenga cuenta con hincadas, ya que aquí habla el tétano y las infecciones. Cuidarse del estomago de ulcera. Ya que el cuchillo puede entrar a su cuerpo si no lo han operado. A usted le hacen brujería conga. Atienda lo suyo y atienda a Elleggua y los Mellis. Santos que hablan Chango, Obatala, Yegua, Ochosi, y los Mellis. Oggun eleggua.

EYILA/IRISO NU No. 12-4
Desobediencia Abismo Fracaso

Dice este oddu que tenga mucho cuidado con lo que hace mal sea por su orgullo o ambición. Este signo es candela y agua. Usted mismo se puede quemar, ya que habla de separaciones, desacuerdo. Aquí el mismo pavo real que era tan precioso, presumido y orgulloso, tuvo que hacer ebbo (limpieza). Dice este signo que la muerte le puede sorprender. A usted le gusta la brujería. Tenga cuenta que no se le descubra algo malo del pasado y tenga que pasar un gran bochorno. Dice que lo que usted se trae entre mano, tenga cuenta que le pueden hacer una trampa para perjudicarlo y hasta verse en líos con la justicia.

Dice este oddu de eyila iroso que mire bien lo que firma. A veces, usted ríe y de momento le dan ganas de llorar. Usted tiene que evitar caber cosas malas y vicios. Usted tiene que respetar los ajenos. No guarde nada y si lo hace, mires a ver lo que le dejan. Pues la pueden hacer acusaciones por robo de falco. Usted tiene pleitos con familiares. No guarde rencor. Usted tiene que hacer ebbo (limpieza) y atender los Orishas y hacer misa espiritual para evitar un gran bochorno. Usted es vidente espiritista, pero no hace caso. No le falte a los mayores ni desafié a nadie. Coja Cofa y póngale corona a Elleggua. Evite pleitos y discusiones, vicios y bebidas en su casa. Reciba Osun de extensión. Aquí habla Chango, Yemaya, Agallu, Dada, Ochun, Obatala y Yegua Elleggua y Asoano

EYILA/OCHE No. 12-5
Fuego Envidia

En este oddu de Eyila/Oche, habla de envidia, brujería, confabulación y trampa. Usted es muy mal visto y la gente la cojeé con usted por nada. Tiene que tener mucha cuenta con enfermedades, ulceras, de la sangre y el estomago. Valla al médico. Dice este signo, que usted pasa mucho trabajo para lograr las cosas y muchas veces le cuesta lágrimas. Este le envidia y tiene problemas familiares. Si usted perdió sus mayores, hágale una misa espiritual. Atienda los niños. Dice este signo, que usted tiene un enemigo que lo quiere ver en la ruina y que pierda todo, incluyendo su casa. Su suerte se la han querido quitar. Dice este signo, que mientras más mal le hagan, usted más va a levantar. Que la suerte suya va a llegar juegue que Yalorde ochun le puede traer una salpresa a su vida buena.

Dice que usted triunfara la ruleta de la fortuna. Le hará una visita. Rogase la cabeza. Báñese con plantas frescas. Atienda a Ochun y póngale una torre de ñame a Obatala. No tome en casa ajena y cuidado con lo que come. Póngase pluma de oro. Evite chisme. No guarde nada de nadie en su casa. No haga abortos. Dice este signo, que sus envíos sacan ventaja de su buen corazón y su bondad. Juegue billetes. Usted puede recuperar unos bienes que usted crees perdidos. Hágale una fiesta a la Santísima Virgen de la Caridad del Cobre. Que su {ache} gracia y suerte tiene gracia ante Olofi (Dios). Aquí habla Chango, Agallu, Ochun, Yegua, Elleggua y San Lázaro y ochun la caridad del cobre.

EYILA/OBARA No. 12-6
Guerra Soldado No Duerme

Dice este signo oddu de Eyila/Obara, que no parta por la primera y evite pleitos y discusiones en su casa. Pues aquí habla de separaciones matrimoniales, disgustos, tropiezos y pérdidas. Evite actos impropios, vicios y bebidas dentro de su casa y fuera. Usted cuando no tiene dinero o lo quiere inventar, no corra sin antes hacer ebbo (limpieza), pues puede ir hasta preso.

Por lo tanto Igguoros santeros lagua lagua dice la prisa es mala consejera. Dice Chango, usted está caliente como el culo de la Olla. Deje la prisa, pues puede caer en una trampa. Usted lo quiere saber todo. Es usted muy mañosa y cuanto no se sabe, se las inventar para salirse siempre con la suya y puede caer usted misma en el hoyo, ya el que sabe no muere coma el que no Sabe y no se juega con la candela, dice chango.

Dice este oddu letra de eyila Obara que usted es desobediente con los mayores. No hace caso de los consejos. Dice este signo, que respete lo ajenos ya que puede pasar por un gran bochorno. Dice este, que usted tiene proyecto pendiente y piensa hacer un viaje a otra tierra o al campo. Refresque su cabeza con plantas fresca y darle de comer a Elleggua para que le abra sus caminos. Nunca diga que todo lo sabe aunque lo sepa. No permita chisme en su casa. No guarde nada de nadie. Cuidado al firmar. No sea incrédulo. Atienda los santos. Tenga paciencia y no parta por la primera. No ajuste cuentas con sus manos ni juegue de mano. No se burle de nadie ni de los santos. Hágase ebbo (limpiaba). No vista de rojo. Atienda los mellis. Ya que él sabe no muere como el que no sabe. Aquí habla Chango, Obatala, Orula, Yegua, Dada, Elleggua y Agallu. Ochun la Yalorde.

EYILA/OLDI No. 12-7
Candela Traición

Dice este signo, {oddu} de Eyila/Oldi, que usted en su vida tiene una lucha muy grande. Usted tiene que tener mucha cuenta en tambores y toque de fiestas. Pues puede usted pasar un gran bochorno en un tambor o toque. Dice este, que usted preste atención en este de eyila Oldi que es de envidia, brujería y fracaso. Este dice, que usted puede ir hasta preso en una fiesta. Dice que no hable nada con nadie, pues al que usted le dice las cosas, se las dice a su enemigo. No diga para dónde vas ni de dónde viene. Usted no discuta ni se incomode porque usted tiene ache (gracia) y nació para ser adivino. Usted evite la bebida y vicios.

Dice este oddu de eyila Oldi que tiene que respectar lo ajeno. Habla de niños que tienen ache (gracia) en su familia. Usted nació para ser Santero o Santería. Cuidado con menores. No falte a los mayores ni jamás se burle de los santos. Maferefun Chango, Yemaya y los Ibeyis (gemelos) que vencieron al diablo. Hágale algo a Elleggua y los mellis. Póngale frutas dulces. Vístalos y póngales un tamborcito a sus santos. Dice que cuando coma, no se levante ni se incomode. Tenga paciencia. Usted diga la verdad y si no la creen, déjelos y allá ellos. Usted tiene que limpiar su casa, ya que le hacen brujería. Usted viajara. Quiera mucho a Yemaya. Aprenda que la calma y meditar antes es su mejor aliado.

Dice este oddu de eyila Oldi que Piense antes y después actúa. Atienda los santos y los muertos. La suerte suya esta marcada y lograra vienes y fortuna si del camino hace decisiones correctas y atiende los Orishas ya que por mediación de los Orishas y la devoción usted puede llegar a ser alguien grande en la religión. Aquí habla Chango, Yemaya, los Ibeyis, Agallu, Obatala, San Lázaro y Orichaoco.

EYILA/ELLEUNLE No. 12-8
Desobediencia De Cabeza

Este signo de Eyila/Elleunle, que usted no le dan el merito que se merece y que nadie le agradece nada. Usted tiene o tendrá un hijo que será adivino. Atienda los niños. Este signo es de reyes adivinos ache de nacimiento. Pero dice este oddu e letra de los caracoles, que sus enemigos son de dos caras, como el calmito y el yagrumo que por frente son una cosa y por detrás son otra. No porfié que la suerte volverá a tocarlo. Usted es víctima de las traiciones hasta dentro de sus familiares. No reniegue y vístase de blanco. No mate ratones ni coma boniato. No guarde basura ni recuerdos de muertos. Evite agua de lluvia en su cabeza.

Dice este oddu de eyila obe que Juegue que la ruleta de la fortuna lo visitara de nuevo. Ponga en práctica en no incomodarse ni quiera cambiar a nadie. Usted vive disgustado dentro de su casa. Usted viajara a un campo. Usted se siente enferme. Haga ebbo (limpiase) con plantas frescas vista de blanco lo mas que pueda. No use perfume en su cabeza. Tape los agujeros aunque sus negocios anden un poco mal. No se desespere, pues le puede dar un infarto por la presión de la cual se tiene que cuidar por eso este aunque es de cabeza es para usarla bien y no desperdiciar la sabiduría que {Olodumare} Dios le está dando.

Dice este oddu de los caracoles que usted tiene que cuidarse de robo. Usted tiene enemigo que lo quiere hasta envenenar. Tenga cuenta donde como. No deje particulares en su casa. Puede venir un ladrón. A usted lo desacreditan hasta de su honor. Su suerte está en hacer ebbo (limpieza). Vista de blanco en lo más que pueda y ver a su suerte cambiar de todo hasta dentro de su felicidad, ya que el que nace, para cabeza no se debe quedar en el rabo. Habla Chango, Obatala, Ochun, Yemaya, Elleggua, INLE y Osian oba.

EYILA/OSA No. 12-9
Brujería De Mayombe

Dice este oddu que usted no nació para esclavo y que tiene que tener mucha cuenta para que no sigan sacando provecho de usted. Dice este signo de Eyila/Osa, que a usted le hacen brujería y lo quieren amarar. Dice este que a usted Le quieren tender una trampa para que se vea en líos hasta con la justicia y en desacuerdos familiares. No diga para dónde vas, ni para dónde vienes. Que sus pasaos se los vigilan para hacerle daño y usted se puede quemar.

Dice este oddu que sus mejores amigos son sus peores enemigos. Habla de gente de dos cara falsas que lo rodean. Tenga cuenta con agua de lluvia (no se moje) y con los aire, pues puede quedar torcido. Usted es espiritista, pero muy fuerte de genio y cabeza dura. Es por eso que pasa tantos trabajos.

Dice este letra que todo lo tiene atrasado. Este signo habla de dolamas enfermedades y muchas veces se siente enfermo de todo como si el mundo se le viniera encima. No discuta ni salga a ver la luna. Usted tiene que hacerle una misa espiritual a un ser familiar que murió y lo acompaña. Dice que no use la violencia con nadie. A usted le pueden levantar un falso testimonio y acusarlo hasta de robo. Mire bien lo que guarda. Dice que usted tiene una guerra del pasado que no ha terminado todavía. Este signo habla de separaciones, rompimientos. Usted tiene que ir al médico por un padecimiento del vientre. Dice que usted le quiere desbaratar su hogar. Habla Chango, Agallu, Oya, Obatala, Osian, Elleggua y Yegua.

EYILA/OFUN No. 12-10
Maldición Fracaso

Dice este oddu de Eyila/Ofun, que usted no sea curioso y que respete los ajenos. Que sus caminos están trancado como si fuera una maldición y un arrastré que usted carga de un mal que le hicieron a su familia. Habla de muerto oscuro, desvelo, tragedia y fenómenos. El arrasarte cojee a otros de la familia. Usted tiene que tener cuenta con una trampa. No abre la puerta de noche a nadie. No quiera saberlo todo. Especialmente los secretos ajenos. A usted le quieren separar y que no sea feliz con nadie. Dice que la muerte está sentada en su casa y la enfermedad la acompañan.

Dice esta letra signo de eyila Ofun que no levante nada pesado. Aquí habla de paralización de astros. No diga sus secretos. Evite pleitos. Habla de bochornos que usted puede pasar. Usted le ha robado algo que le pertenecía por herencia. Valla al médico. No coma cosas de los interiores de los animales ni de la morcilla de sangre. A usted lo quieren ver con la cabeza en el piso. Dice que a usted lo quieren vender. Usted vive en una guerra, desesperación e intranquilidad. Haga ebbo (limpieza) para evitar una tragedia o un accidente ya que aquí la muerte y la enfermedad se disputan por usted. Haga misa espiritual a los muertos y seres familiares. Habla Chango, Agallu, Ardua, San Lázaro y Ochun.

EYILA/OJUANI CHOBE No. 12-11
Ruinas Fracasos

Dice esté oddu en el oráculo de los caracoles Eyila/Ojuani Chobe, que si lo invitan por ahora a una fiesta, tenga cuidado. Pues le tienen una trampa tendida y lo pueden amarar y darle de golpe. Dice este oddu que no use la violencia. Si tiene idea de dar golpe, tenga mucho cuidado que los guapos siempre mueren en las manos del más cobarde. Dice que usted tiene que respetar los mayores. Por el bien que le han hecho, dice que usted reniega y parte por la primera. Dice que usted es desobediente y muy violento. Tenga calma. Haga ebbo (limpieza). Atienda a Elleggua. Usted le conviene coger consejo de mayores para que todo le salga bien. Ya que todo empieza bien y de momento todo lo puede perder.

Dice este oddu de eyila Ojuani Chobe que usted siempre vive intranquilo. Si piensa viajar, límpiese primero. A usted lo puede sorprender una tragedia. Ya que este signo habla de ruinas, fracaso y canasta rota por revoltosa. A usted lo pueden confundir y agredirlo. No se pare en las esquinas. Evite los vicios y actos impropios ni permita de eso en su casa. Dice que tiene que ser muy precavido. No confié en nadie ni guarde nada de nadie que sea fuera de la ley. Aquí habla de oficio Congo. Atienda lo Orishas y los muertos de palo para que usted pueda salir adelante. Haga misa espiritual. Aquí habla Chango, Agallu, Yegua, Obatala, Oggun, Ochosi, Elleggua, Orula y San Lázaro.

EYILA MELLI No. 12-12
Fuego Guerra

Dice este oddu de Eyila Melli, que la candela y la guerra están sobre usted. Dice que usted está caliente huele a problemas y apesta a presidio. Así que tiene que tener cuidado, ya que en guerra avisada, no muere soldado, ni saldado duerme en son de guerra. Este signo {oddu}, de Eyila Melli, usted tiene que tener cuenta con lo que hace. Pues la justicia lo visitara y puede tener problemas grandes y hasta ir preso. Dice este que si lo invita alguna fiesta, le puede tener una trampa lista. Usted tiene problemas con alguien de su sangre. Puede ser hasta un hermano suyo. Tiene que respetar sus mayores. No maltrate a nadie ni los animales.

Dice chango en esta letra {oddu} de eyila chebora que Su felicidad está en juego, por su forma de usted ser tan agresivo y gruñón. Pues dice esta letra oddu que cuando usted se pone bravo ladra más que un perro. Este habla de separación matrimoniar. Dice este signo de los caracoles, que usted tiene enemigos paleros que le han declarado la guerra, por algo que se han enterado que usted ha dicho de ellos. No diga para dónde vas ni de done vienes. No guarde nada de nadie ni permita vicios en su casa. A usted lo quieren engañar y hacerle una trampa. No confié en nadie. Pues lo pueden vender en su casa. Hay una revolución que no termina.

Dice este oddu de eyila melli, que no viaje, sin antes limpiarse. Mirar que quiere Chango, para liberarlo de tanta guerra. Usted trata con sus propios enemigos, creyendo que son sus amigos. Haga ebbo (limpieza). Refresque su cabeza con plantas. A usted le espera riqueza. Juegues pues le puede venir una gran suerte. Atienda los santos y los muertos. Hágale misa espiritual. No parta por la primera. A usted le hacen brujería pero Chango lo protege. Use su cabeza, obedezca y triunfar. No pise sangre. No bebes licor no coma carne a la parilla, ni se vista de rojo y se tiene que cuidar de la candela. Habla Chango, Agallu, Yegua, Obatala, San Lázaro, Dada, Ochun, Orula.

DÉMOSLE COMIENZO
A LAS TÉCNICAS DE APRENDIZAJE

Igguoros Aburres lagua lagua {hermano} la técnica de la interpretación del oráculo de los caracoles; el diloggun está en combinar los {} números con los dichos historias y refranes de acuerdo a este legado religioso del cual ha sido parte de mi vida. Ya que por medio de los caracoles es la comunicación entre nosotros y los Orishas la comunicación que ellos siendo los emisarios de Olodumare, {Dio} nos brindan sus consejos e y caminos a seguir en nuestras vidas cotidianas dentro de los concepto de la religión de la santería.

Por lo tanto ya aprendido lo básico los {oddu} números del uno al doce y haber leído bien el manual de enseñanzas y técnicas de los italeros interpretes del oráculo de interpretación de este legado religioso esta en darle comienzo y utilizar las tablas de acuerdo a la letra numero que salga. Ya que con este procedimiento te las tablas, ustedes obtendrán la tabla de multiplicar en sus manos y el guía, para entonces poder interpretar lo que dicen los caracoles, por boca de los Orishas para el consultante.

Igguoros {hermanos} lagua lagua la práctica y las formulas técnicas pueden hacer la diferencia y un aprendizaje absolutamente mas cansillo si la tabla de la interpretación esta a mano en las practicas de consultas y esto va para los {omorishas} santeros como para los practicantes de esta religión. Ya que estas herramientas de tablas, les facilitaran el manejo de las consultas con los caracoles o con las barajas cartas que yo he diseñado

Este método son mis experiencias de una vida, medio siglo interpretando en las consultas e registros de Orishas como sacerdote de esta religión Omorisha, Oshun a la mace conocido en la radio como el mago de los caracoles por los acierto y con miles de ahijados y santos coronados dentro de este legado religioso del cual mis experiencias le servirán para un aprendizaje de lo que es en si la santería y la magia de adivinación e pronosticar e interpretar este oráculo a través de los caracoles el {diloggun}

Tabla De Dichos

Estas lecciones de aprendizaje, les pido calma paciencia, ya que la prisa, es mala consejera y no nos conduce a nada bueno en la vida. Porque pasamos de imprevisto lo más importante que viene siendo aprender de los mismos errores de no haber aprendido y tener que repetir la tarea de nuevo y eso no es lo que yo Misael Oshun a la mace no quiero que le suceda y lo que les estoy brindando es santería en su función y sus prácticas. Tal como es y no la de catedráticos e intelectuales, ya que los que quieran aprender gramática historias de la religión yoruba cuento de hadas que se alisten en la universidad y para los sábelo todo nada tienen que aprender pues bien claro lo dice la palabra los sabelotodo de la religión. Por lo tanto reírse un poco no está demás aburres hermanos.

Ejemplos De Combinar
Primera Lección

{Oduu ocana Sode no. 1}

{Ocana Sode no. 1}, por uno se empezó el mundo

Habla este oddu desobediencia en la creación donde se dijo que todo el mundo tenía que rogarse la cabeza y este personaje de cabeza dura no lo hizo y paro en presidio y muerto. Santos que hablan Elleggua Olocun Agallu obatala los muertos {Egun}

{Oduu Eyioco no. 2}

{Ellioco no.2} el bien e el mal, iré y Osogbo, donde Elleggua se trasforma y los que eran amigos se enemistaron en pelea flechas entre hermanos guerras, discusiones, tropiezos, condena de justicia. Santos que hablan, Ochosi Elleggua los Ibeyis gemelos obatala

{Oduu Ogunda no. 3}

Letra oddu donde el perro traiciona al amo. Pleitos, discusiones, sangre, el tétano las ramas de fuegos tragedia intervención de la justicia, riñas, desacuerdos, fracasos por la mala cabeza. Santos que hablan Oggun obatala, Elleggua Yemaya y si vamos ver Orichaoco, ya que lo pare el Oldi no. 7

{, Iriso no. 4}

Dice este oddu letra en los caracoles que nadie sabe lo que tiene el fondo del mar. Ni lo que encierra la persona que se está registrando, ya que esta letra es el sentimiento del alma tragedia presidio desacuerdos en la familia algo que perturba el pasado de la persona habla de herencias y pleitos persona de luz espiritual. Santos que hablan Yemaya, chango, dada, Agallu, obatala.

{, Oche no. 5}

Sangre que corre por las venas primero pasa la aguja que el hilo de envidia brujería maldición de familia desacuerdos problemas. Liberación de la esclavitud acusaciones falsa desprestigio malas lenguas enfermedades de la sangre y misas aun difunto familiar. Santos que hablan ochun, Elleggua, obatala, los muertos. Oba

{Obara no. 6}

Rey no miente, a son de guerra el soldado no duerme, ya que lo pare el 12 eyila chebora. Donde dice que una buena lengua salva un pueblo y otra mala lo destruye donde no se cambia lo cierto por lo incierto, ni se saca tigre del hoyo y se tiene que tener cuenta con los favores ni se dice lo que uno sabe, ni se discute para no salir siempre mal donde la codorniz de tanto saber duerme en el piso. Orishas que hablan chango, ochun, obatala, Orula.

{Oldi no. 7}

Letra oddu de los caracoles en donde por primera vez se hizo el hoyo de traición donde uno siempre sobra entre tres signo donde nace el matrimonio entre Yemaya y Orichaoco donde se hizo la luz y la montaña y oroiña, el volcán. Ya que la montaña por creerse más grande no obedeció y cuando vino oroiña a la primera que le hizo un agujero fue a la montaña envidia de hermanos líos de familia el pinaldo el cuchillo necesario para fortalecerse en subida si es santero. Santos que hablan Yemaya, Oggun, Orichaoco, obatala.

{Elleunle no. 8}

Donde nacen las cabezas a rey muerto príncipe coronado en donde dice que dos reyes no pueden gobernar un solo pueblo y amigo inseparables que se separan donde el cangrejo por hablar tanto se quedo sin cabeza por lo tanto el que nace para cabeza no se debe quedar en el rabo confabulación para destronarlo por envidia. Sea más creyente, signo de cabeza y espiritualidad. Santos que hablan obatala, ochun, chango, INLE y oba.

{Osa no. 9}

El signo letra en donde el mejor amigo es su peor enemigo en donde el ratón hace lo que quiere mientras el gato no está en casa y se cría cuervos para que luego le quieran sacar los ojos a uno en donde dos carneros no pueden beber agua en una misma fuente problemas familiares brujerías desacuerdos peleas en la casa y del pasado sentimiento familiar. Santos que hablan oya, Agallu Yemaya obatala Elleggua.

{Ofun no. 10}

Letra donde nace la maldición donde nacen los fenómenos de paralización de astros muerto oscuro, sentado en su casa. Desvelos contrariedades deseos malos enfermedades mortales en donde el mono se enredo por su propio rabo abandono desorden en la casa vicios actos impropios tracción. Ebbo limpia un paraldo Con el Oluo, babalao, o el baño de Ofun. Santos que hablan obatala ardua Orula ochun olla san Lázaro.

{Ojuani Chobe no. 11}

Fracasado por revoltoso y no se recoge agua con canasta rota. Habla de ruinas y en donde Elleggua se corono de babalao de persona de mal temperamento agresivo porfiado desobediente porfió y falta de respeto a los mayores y sus semejantes este habla de malas intenciones con alguien a quien le tiene ganas de agredirlo. Evite pleitos con la justicia ni guarde nada de nadie en su casa santos que hablan Elleggua Yemaya san Lázaro ochun y obatala.

{Eyila Chebora no. 12}

En son de guerra soldado no duerme, fuego, candela, problemas de camino. Perdidas si no se recapacita, letra de brujería de mayombe, desacuerdos pleitos, diluciones en el hogar y fuera. Donde se debe evitar los vicios y la bebida y los problemas amorosos. Habla de persona cabeza dura e irrespetuosa con los mayores y menores evitar pleitos con la justicia. Letra de mudanzas y cambios, de recapacitar. Santos que hablan chango Agallu dada obatala yegua Ibeyis.

Métanla no. 13

Dice este oddu letra de los caracoles haciendo mención de las enfermedades paralización, contagios, lepras ulceras, cáncer. Ya que en ella ese manifiesta san Lázaro babaluaye advirtiendo de peligro de enfermedad interna o en la piel para el consultante además de infecciones venéreas. Por lo tanto es una letra de mucho cuidado para el consultante y se preferible mandarlo al Oluo babalao si no se sabe interpretar este oddu de los caracoles

{Segunda Lección Combinación
De los oráculos adivinación}

Esta tabla es del oddu uno al doce de ocana a eyila la cual es de suma importancia que se aprenda primero que nada. Ya que tratas de los es que se habla de lo que dicen los caracoles {diloggun} en el oráculo sea en la consulta como se hace en la santería. Ahora empecemos por la tabla de los combinando dos juntos y sus refranes y dichos de acuerdo al oráculo de consulta en cómo se leen los diloggun (caracoles) en este legado religioso para recibir los mensajes de los Orishas santos, amen aleluya. Bromas, bromas pero aprender es de sabios en el santoral yoruba y volvamos a decir amén.

{Números combinados}
Tabla, Lista Y Ejemplos

{Obara Oche no.6 | 5}

Dice esta de Obara oche combinación, para el patio, para fuera lo que no sirve se vota. Que no se empeñe en los imposible letra de indecisiones y disgusto rey no miente dice chango y ochun que de tanto saber la codorniz siempre duerme en el piso dos personas que no congenian chivo a eleggua para resolver. Ya que dice este oddu que te peinas o te haces rolos o te quitas el zapato o te lo pones. Ya que dice chango en Obara oche 6\ |5 que lo que no se suelta se amara mas persona cabeza dura mártir masoquista amen aleluya o te peinas o te haces rolos ya que el insistir en los imposible muchas veces nos sitúa como mártires y rededores de los caprichos de otros y bien claro lo dice este oddu de Obara oche, para fuera y para el patio lo que no sirve se vota signo oddu de indecisiones o si o no ate peinas o te haces rolos

{Oche Bara no.5 | 6}

Dice este refrán de oche Bara, que una cosa piensa el borracho y otra el bodeguero. Dos personas que no congenian. Evitar bebidas alcohólicas, de desacuerdos, problemas, disgustos, internos, vicios e infecciones de la sangre. Brujería a su alrededor, tanto al derecho como al revés. Habla de envidia y fuego. Habla ochun y Chango, enemigo, confabulación en su contra enemigo de familia y de santo pleito pendiente muerto parado, misa para un difunto, desvelos intranquilidad, brujería. Por lo tanto atender los muertos y el santo los Orishas para una suerte que le dará ochun, la cual la defiende amen aleluya. Esta, la letra de oche Bara la cual dice bien claro que una cosa piensa el borracho y otra el bodeguero evitar la bebida

{Osa Oche no.9 | 5}

Dice este de osa, oche que el que no sabe vivir en esta tierra lo mandan a vivir para la tierra de los calvos desobediente falto, irrespetuoso, abusivo malcriado con los semejantes y incrédulo persona que reniega de lo que tiene letra de recapacitar y atender los santos Orishas y los muertos {Egun} santos que hablan oya y ochun oba Elleggua.

Los cuales les advierten del mal comportamiento de de la persona que se está registrando y las consecuencias de las cosas malas si no se pagan en la tierra se pagan en el cielo de cuidadoso para el que se está consultando.

{Oche Osa no. 5...9}

Dice este en los caracoles que buen hijo tiene bendición de Dios y de los santos {Orishas} la contrario de osa, oche el santo le da bendiciones por su devoción y respeto de hacer misa espirituales a ser familiar y ponerles flores y atender los alteres espirituales. Ya que la recompensa recibirá por mediación de este oddu al salirle a la persona que se registra que es como se dice en la religión del santoral yoruba. Santos que hablan ochun, oya los muertos y abátala y seres familiares echándole bendiciones desde el cielo en favoreciéndolo. Aquí si se puede decir amén ya que buen hijo recibe bendición del cielo.

{Oche Oldi no. 5 | 7}

Dice este oddu en los caracoles que el que debe y paga absuelto queda y no se promete lo que no se puede cumplir este signo es donde el río se despego del mar y a la larga regreso habla de promesas incumplidas y por eso este pasando tantos trabajos no se engañe mas ni a los Orishas y especialmente a ochun la caridad del cobre o, a Yemaya cumpla con lo que debe para su bien ya que las deudas con los santos vienen siendo peor que con los banco ya que ellos si mandan las facturas y no es acordarse de santa barbará nada más que cuando truena y mas dice el oddu de oche Oldi que el que debe y paga queda franco limpio de deudas. Santos que hablan ochun Yemaya, INLE. Abátala. Ochosi obatala eleggua, de lo cual el consejo es pagar la promesa y quedar absuelto de la deuda. Amen

{, Oldi, oche no.7 | 5}

Dice esta letra en los caracoles Oldi oche absuelto por falta de pruebas. Ya que los Orishas los santos lo absorben aunque lo quieran acusar de algo en la vida, este son los llamados hijos de las dos aguas sea hijos de Yemaya y ochun tener cuenta con la justicia atienda siempre los santos y los muertos letra de italeros paleros y Babalaos ya que en ella INLE es babalao y se une con Ochosi y Elleggua que luego pasa a ifa letra de muchas bendiciones para el que se consulta ya que los Orishas le echan bendiciones aunque a usted lo maldigan ello los absorben del mal que le quieran hacer, santos que hablan Yemaya ochun INLE Ochosi y Elleggua y abátala y Oggun.

Oldi Osa no. 7 | 9

Dice este oddu que no se escupe para arriba para que la saliva no le caiga a uno encima. Por lo tanto es mejor tener la lengua callada y no renegar por que las cosas no le salen bien a uno ni maldecir tanto. Oldi osa es mejor uno tener precaución en lo que se le dice a los vientos ya que los Orishas y Olofi dios lo escucha todo mas por otro lado dice que dos narizudos jamás se pueden besar y son letras de traición por lo cual es mejor tener los ojos bien abiertos ya que aquí en este oddu la traición predomina y en Oldi fue donde por primera vez se hizo el oyó para enterar una persona y era mujer. Santos y los muertos pues ellos no son sordos y luego vienen los castigos {ona} fuete para uno mismo santos que hablan Yemaya oya obatala Orichaoco.

{Osa Oldi no. 9 | 7}

Este oddu de osa Oldi dice de dos narigudos que no se pueden besar algo muy común de este letra cuando las personas no congenian en nada en la vida marca problemas rompimientos desacuerdos brujerías maltratos físicos y verbales este de Oldi es el trasero de osa donde habla ochun, diciendo que hay problemas en el amor o separaciones de parejas y como empieza con osa, dice bien claro que su mejor amigo puede ser su primer enemigo y habla de brujería y guerra de pleitos pasados que todavía no han terminado así que estar atento. Santos que hablan oya ochun obatala los muertos chango.

{Obara Osa no.6 | 9}

Dice este oddu de Obara osa que si usted es loco o se hace el loco letra que predomina chango santa bárbara vendita en el diloggun sea los caracoles y sus. Por lo tanto el consultante se quiere hacer el loco para que lo carguen. Porque en este el primero que salió cuando el fuego empezó fue el loco a conveniencia. Le dice este que atienda los santos y los muertos y se deje de fingir con chango para que no pase un susto por hacerse tanto el loco a conveniencia y pueda ir hasta preso o coger una buena quemada. Santos que hablan chango Orula ochun obatala oya.

{, Osa Bara, no. 9 | 6}

Dice este oddu de osa Bara en los caracoles que dos carneros no pueden tomar agua en la misma fuente y que la discusión no trae nada bueno. Donde chango come carnero por primera vez donde Orula bota a Yemaya de su casa donde el porfiado porfío con la muerte. Evite la discusión mire a quien le hace favores no es encolaré tanto pues le puede venir una embolia, calme su temperamento y atienda lo Zullo que usted es muy porfiada hasta con usted y su propio ángel guardián. Tome bien estos consejos ya que con la discusión usted nunca llegara lejos y usted lo echa todo a perder por tanto discutir y renegar y en este signo por lo general el que usted cree que es su mejor aliado y amigo es su peor enemigo y no existe peor estilla que la del mismo palo atienda lo espiritual ya que usted no tiene paz. Santos que hablan oya, chango, obatala, los muertos, Orula y Agallu, Olosa, Yewa, oba.

{Oche Iroso no.5 | 4}

Dice este oddu de oche iroso que si agua no cae maíz no crece predomina la Yalorde ochun Yeyeo la caridad del cobre manifestándose como ella solo lo sabe hacer con sus hijos hablándole al consultante que si usted tiene un jardín y no lo rosea no espere flores. Habla de abandono de sus cosa de santo y de los muertos por abandono y recapacitar a tiempo es de sabio dice la Yalorde. Santos que hablan ochun, Yemaya, chango, obatala, dada, oba.

{, Iroso Oche, NU.4 | 5}

Este oddu de iroso oche habla de muerto oscuro parado que se la quiere llevar ya usted sabe para donde por lo tato tiene que hacerse ebbo limpieza y ragarse la cabeza con frutas letra de enfermedades disgusto tropiezo desajuste dentro del círculo familiar desacuerdos camino frustrado atienda los santos Orishas y los muertos. Santos que hablan Yemaya ochun dada obatala y chango.

{, Ogunda Oldi 7 | 3}

Dice este oddu Oldi Ogunda que Lo que se sabe no se pregunta letra que predomina Oggun habla de tener que coger cuchillo pinaldo antes de que sea muy tarde esta letra aunque sea al revés es de tener cuidado ya que puede ir una operación o una tragedia en su camino recomendable tener un gallo quiquiriquí en la casa para vencer la muerte evite pleitos no juegue de mano ni discuta mas limpieza con carne res y corojo y refrescarse la cabeza con plantas Frescas. Santos que hablan Oggun Elleggua Yemaya Ochosi.

{, De obe bara,
Bara Obe, un.6 | 8 o, 8 6}

Para abreviar un poco estos tienen un poco en común donde habla chango y obatala diciendo que quien come hueso satisfacción para su garganta letra de persona mala agradecida con todo falta de respeto con los mayores y con sus santos Orishas temeraria es aquí donde el carnero lo tenía todo junto a ochun y obatala y se fue y se encontró con un tigre que se había caído a un hoyo y le dijo al carnero que si lo sacaba él iba a trabajar para él hasta que lo saco y luego se lo quiso comer. Por eso no se saca tigre del hoyo aburres hermanos.

{Otro Paketies}

Otra, con la misma historia del chivo que le dio albergue al tigre y luego entro por arrimado y se quería hacer dueño y hasta quiso comérselo. Por eso el chivo siempre esta masticando, en su bolsita Orula le preparo dos compartimiento uno de maíz y otro de piedra y cuando el tigre le pregunto que comía le enseño la piedras y el tigre salió corriendo. Imaginasen un chivo que come piedra, como dice un mambo de palo que allá en tolondrón un chivo mato a un caimán. Santos que hablan chango obatala ochun oba. Dicen los Orishas que ser agradecido es un don divino.

ODdU Ofun Oldi
Oldi fun 7 | 10, 10 | 7

Dice este oddu de Ofun Oldi al consultante que usted estire la mano hasta donde usted pueda. Ya que si no lo hace se quedara sin nada en la vida ya que querer vivir de la apariencia y del desparramo la pueda dejar en la ruina por lo tanto todo es de espérale de este. Ya que marca camino tronchado para el consultante y enfermedad y muerto oscuro en el camino. Signo letra de abátala Yemaya Oshun

Por el otro lado Oldi Ofun. Marca de una operación del vientre por lo tanto valla al médico lo mas ante posible antes de que sea muy tarde habla de mal pensar de tristeza de dudas de llantos y sentimientos en el alma dolores y penas por las cuales vienen pasando cuando sale este letra numero en los caracoles diloggun. Habla Yemaya obatala

{Pakities Historias Legendas}

Igguoros Aburres hermanos lagua lagua conocer la religión de la santería y la forma en cómo se ejecuta en sus prácticas, es entrar a ese mundo de la sabiduría. Donde el alcance del conocimiento pueda disfrutar de la esencia que perfuma el anhelo del alma. En viento por nuestros ojos la alegría de hacernos participe de nuestros credos, eso nos eleva a un nivel de superación en lo concerniente a lo que se refiere este legado religioso, que es la religión yoruba la cual es única en su funcionen sus prácticas, rituales, ceremonia.

Mas tomando en cuenta que lo que se muere en credos no deja huellas ni legados de los cuales podamos hablar ni historias que contar. Algo de lo cual la verdad no sale a flote para dar la cara a las preguntas diarias, del pueblo santero que se le habla de regiones trascendencias historias cuentos de hadas un pasado, pero que es del presente, de lo que es la santería en sí, su función y sus prácticas no de dramaturgos con sus historias sin ser santeros intelectuales de universidades.

De lo cual por mis experiencia como {Omorisha} santero sacerdote mayor {oba ochun a la mace}, por ya casi medio siglo viendo la necesidad y el no pensar que oreja no pasa cabeza. Ya que cada cual tiene lo que Olodumare {Dios} le ha dado y el que nace para herrero del cielo le caen las herramientas. Ya que en el reino de dios todos somos sus hijos en igualdad de credos. Por eso les brindo de mis técnicas de mi magia, de mi experiencia este manual de enseñanza para romper la cadena que detiene, que cada cual tenga de {Olodumare} Dios lo que se merece. Sin mirar credos rasa ya que las religiones son universales como las monedas rodando de manos a manos para que a través de la fe crezcan y se multipliquen por la faz de la tierra

Así que Igguoros mis aburres hermanos omorishas vamos al grano que todavía nos falta mucho de que practicar en lo referente, a lo que en si es la santería la religión yoruba Lucumi y su función e practicas y técnicas dentro del conocimiento para el manejo y control, de este legado religioso, del cual nos abrasamos en fe como nuestro bastón para que los emisarios, Orishas {santos} intercedan por nosotros frente al padre celestial {Olodumare} Dios creador.

Aburres hermanos Igguoros omorishas quien no tiene historias y cuentos que contar recuerdos de nuestros antepasados los cuales nos dejaron estas historias pakities de relatos que comparan la vida con dichos e refranes enseñanzas que si no las aplicamos a tiempo, sea nuestra propia salvación. Ya que los dichos no son dichos, si no experiencias guías consejos de sabios. Donde las canas han no han salido en vano. Ya que son caminos recorridos, huellas marcadas para que el caminante no tropiece y esto es la religión yoruba la santería en si extraer de lo vivido para vivir aprendiendo de lo que nos dejaron nuestros antepasados fundadores patriarcas de la carioca Cabori Elerdad cuerpos con o sin cabezas lo que queramos ser.

Historias Pakities
Obara Oldi 6 | 7

Obara Oldi 6\ 7 cuenta este que una vez había un perro que tenía una gandinga en la boca y al pasar frente al y mirar vio reflejar una más grande y soltó la que tenia y las perdió las dos por cambiar lo cierto por lo incierto. Ya que no se puede vivir de espejismo e indecisiones por eso aunque el perro tenga cuatro pata no puede coger cuatro camino y este aplica a las personas que no saben la que quieren en su vida Obara Oldi es letra donde dice Elleggua que no por mucho madrugar amanse más temprano y las indecisiones no conducen a nada bueno y ya lo saben que el perro aunque tenga cuatro patas no puede coger cuatro caminos termine lo que empieza.

Pakities Historias
{Oldi Bara 7 | 6}

Al contrario el al revés, 7\ 6 dice que si se queda con ojo prieto o ojo colorado o se peina o se hace rolos. Donde la peonia que tiene una parte roja y otra colorada, nadie sabe cuál es el ojo, dice Elleggua, ya que en la guerra de la peonia siempre el machete afilado la carta y por eso se coger pinaldo cuchillo y dejar signo de guerras conflictos por amores y tracciones guerra entre los hombres y las mujeres mucha indiferencia y rivalidades de por medio.

Pakities Legenda
{Elleunle, 8}

Dice este oddu de elleunle {8} que había una vez un rey que era tan orgulloso que su orgullo lo hacía ciego dentro de su castillo mas tenía una hija su princesa la cual era para el rey la Nina de sus ojos Y se le enfermo y mando a buscar al adivino que era Orula para que fuera a su casa pero sabiendo que era tan orgulloso el adivino Orula le mando a decir que él tenía que venir atraerle su hija mas sin remedio y viéndose en la necesidad de que su hija seguía enferma partió a casa del adivino Orula y al pasar por la puerta se le cayó la corona que rodó por el pueblo y la gente se la escondió por eso este signo dice que el orgullo de grandeza pierde cabezas y el que nace para ser cabeza no se debe quedar en el rabo de grandeza si se usa la inteligencia obe es creación lideres gobernantes sabios si se aplican el refrán e la historias.

{Pakities Historia Legenda

En esta otra historia Olofi estaba buscando un adivino para que lo representara en la tierra en la cual estaba pasando por momentos muy malos y Orula que estaba en la lista Olofi {Dios} quiso probar su sabiduría y sembró maíz tostado en un lado y en el otro maíz de crecimiento de semilla pero Elleggua como siempre escondido vio lo que Olofi hacia y se fue corriendo donde Orula y hizo un tratado con él para que siempre le diera de comer y él le iba a decir lo que Olofi había hecho para probarlo a él y se fue por el camino donde Olofi lo estaba esperando y al verlo le señalo un terreno y le dijo si tu eres adivino dime donde está el maíz sembrado y Orula con una explicación le dijo baba padre al lado derecho no puede nacer ya que el maíz ahumado no nace al lado izquierdo nacerá porque ay está el de crecimiento y esto impresiono tanto a Olofi que lo hizo su representante en la tierra y es de aquí que nacen los oluos Babalaos siempre con la gracia de Elleggua.

Paketies Legenda
Historia Del Murciélago

Había en la tierra un animal muy Sabio que era el murciélago Al cual todos venían donde él, a consultarse pero después que salían y resolvían todos se ponían a desprestigiar al murciélago e cual se sentía que todos lo utilizaban solo para conseguir sus propósitos. Ya cansado del trato fue donde obatala a quejarse de lo que le estaba sucediendo le contó y obatala la se compadeció de él y le hizo un ebbo del cual le salieron alas al murciélago y desde entonces vive enganchado. Tengan presente que hacer el bien no es echarse la cruz de cada cual en la vida.

Paketies Legenda
Historia De Tres hermanos

{7} Oldi en el reinado de obatala habían tres hermanos los cuales en un tiempo obatala se enfermo y necesitaba pluma de funque {el loro} para de lo sucedido ellos se ofrecieron a traerle las plumas de loro {carde} para baba pero la rivalidad de ellos era tan grande que dos le tenían odio al otro y salían para el monte mientras y esto enfurecía a los dos hermanos y lo quisieron indisponer con obatala difamándolo de haragán.

Ya que el otro se quedaba afilando el machete día a día. Sucedió que salió y con su machete tumbo una palma y trajo las pluma de loro las cual obatala le recompenso y es aquí donde nace el pinaldo sea el cuchillo de Oggun que en si es de obatala que los mando hacer con las herramientas y Oggun se quedo con un sed. Ya que Oggun es herrero y dueño del hierro hombre precavido vale por mil así es la santería para los que quieran aprender santería de a verdad.

Otra Historia
Paketies De Oldi

En esta historia habla de tres hermanos de los cuales la envidiar los separaba y le tendieron una trampa para matarlo y dentro del plan malévolo se pretendía empujarlo por un risco al mar y deshacerse de el cual era muy Sabio italeros oba por su gran conocimiento de la interpretación de los caracoles y lleno de virtud y sabiduría además de suerte.

Pero era tan precavido que siempre se hacía consultar por Orula el cual, viento peligro le marco un ebbo con una saga y que fuera al risco y atara la soga y el resto lo zumbara para abajo algo que lo hizo al pie de la letra sucedió que los otro hermano lo mando a buscar engañándolo que su prometida lo estaba esperando en el risco y el fue y al el estar cerca lo empujaron y callo y ay estaba la soga y el otro que ya lo daba por murto, se puso el hacer Ita consultar y salió {Icu} la muerte y al hermano, que el daba por muerto verlo del susto se murió por eso hombre preparado vale por mil de oréate sacerdote mayor de la religión yoruba Lucumi. Ya que lo mar quitado no luce y a quien Olodumare Dios se lo da San Pedro Oggun se lo bendiga.

Historia Del Chivo

Cuenta esta historia pakities legenda de la religión yoruba que unas ves obatala venia por el camino para ir a visitar la casa de su hijo chango el cual era un rey. Ya para esos tiempos más haciendo algún tiempo que no veía su hijo decidió irlo a ver y cansada y llevando mucha carga el chivo decidió ayudar a cargar la carga lo cual para obatala se lo agradeció. Ya que era una ayuda gratuita pero para esos tiempos el rey chango había puesto una alerta que todo el que pasara por el camino sino era identifica habría de parecer

Pero obatala sin saber nata siguió camino al palacio de chango junto al chivo que iba al frente y de momento Oggun que era el guardiero machete en mano esperaba a cualquier intruso que traspasara el camino y al divisar alguien de lejos al el chivo asomar la cabeza de un machetazo se la tumbo y obatala del espanto se quedo pasmada por eso dice que el ofrecido por nada siempre sale mal donde es sacrifico el chivo, Oggun se abástese. Oggun choro, choro Elleggua de caro.

Historia Pakiti De Ofun
Curiosidad De La Mujer

Cuenta esta historia legenda de la religión yoruba que Ofun, hijo de megua, era un hombre muy sabio y muy precavido en todas sus cosas cautelosas. Nunca dejar huellas en el camino ni rastros por los cuales nadie pudiera seguirlo. Paro aconteció que la mujer de Ofun. Por curiosa, siempre se hacia una pregunta, que era el porqué megua Ofun siempre traía los animales sin sangra e y tanto fue su curiosidad que se decidió averiguarlo y le hizo un agujero a la bolsa de Ofun y el sin darse cuenta salió como de costumbre y por el camino iba dejando rastro y la mujer lo siguió.

Fue entonces cuando al Olofi presentir la presencia de alguien que estaba curioseando al él y Ofun hacer el sacrificio de la sangre del pollo, dijo si en verdad quieres ver sangre pues de ahora en adelante, las veras todos los meses y por este es que la mujer tiene su regla. Ya que la curiosidad mato el mono y no se deja huella para que, casen a uno.

Otro Pakiti De, Ofun, 10
Historia Del Mono

Aconteció en esta historia legenda de la religión yoruba este de Ofun, que como siempre la curiosidad siempre da deseo de hacer algo indebido, e impulsa a uno a convertiré en averiguo y curioso y esto le sucedió al mono. Que un día va pasando por el camino y de repente vio a todos los animales decir yo no, yo no. Se acerco a ellos y les dijo de curioso que por que ellos estaban disiento yo no y ellos le señalaron que en el hoyo que se cayó el león estaba el maíz y nadie se atrevía a bajar ya que se decía que donde el león come el maíz no se siembra

Pero el mono ágil astuto y con un tremendo rabo les dijo no se apuren que yo si lo saco el maíz y se arrimo y de un albor se guindo pensando que el león está dormido y se acabo el mono. Por eso el mono se ahorco por su propio rabo y en estos la curiosidad mato al mono y que será de nosotros.

Oduu De Obara Chango Otro Historia De Oba Y Oya

Aconteció en esta legenda de la religión yoruba, que chango en su conquista tenían dos mujeres y una guerra con Oggun un guerrero fuerte de vencer. Ya que con machete en mano era invencible. Pero chango tenía su secreto bien guardado el cual podía vencer al hiero que era el fuego de su Osian resguardo el cual lo ocultaba en una cueva pero la curiosidad siempre de las mujeres esta fuera de liga y se las ingenian todas, para averiguar todo y el porqué chango siempre antes de salir a casa se entraba en la cueva y metía sus dedos dentro del güiro y se persignaba aconteció que como de costumbre salió un día y oya se metió en la cueva y metió el dedo en el Osian y salió como una centella disparada y al chango ir a buscarla, ella del susto al hablar salieron rayos y centella de su boca en la guerra con Oggun gracias a oya que al abrir la boca botaba centella era como el dominaba y controlaba a Oggun la curiosidad de la vida.

Otro Pakiti De Chango

Cuenta esta legenda en la religión yoruba que Chango en donde otra vez Oggun sorprendió a chango cuando él estaba en la palma tumbando cocos y de repente apareció su rival Oggun con machete en mano amenazante con chango y la ventaja de Oggun era mucha. Ya que tenia machete en mano y chango sin armas para defenderse se las tuvo que ingeniar y opto de defenderse zumbándole coco desde lo alto de la palma los cuales parecían bombas al estallar y Oggun tubo de que desistir del ataque por eso este en la vida uno se las tiene que ingeniar y lo dice chango que rey no miente.

De Obara Chango
El Lagarto

Cuenta esta otra legenda historia en la religión yoruba que era en tiempo, donde chango dueño de la palma mujeriego espadachín, astuto en sus travesuras era como eshu legba. Pero ya que como compadres se las saben todas y chango utilizaba al lagarto para mandarle sus mensajes a oya que era la mujer de Oggun. El cual pretendía robársela y fue cuando el lagarto lo traiciono y es por eso que cuando el cielo truena es chango mandando rayo tratando de acabar con el lagarto que lo traiciono. Es por eso que el lagarto que se trago el mensaje que chango le había mandado a oya se le atraviesa en la garganta. Mas es por esta razón que dice chango que quien come hueso satisfacción para la garganta cuando el hueso se le atraviesa y esto le sucede al lagarto por su traición a chango cabio sile elufina.

Pakiti Historia De La
Pata Y la Gallina

De esta historia, legenda Lucumi se nota la desobediencia al grado de no coger consejo donde Orula consulto a la pata y a la gallina donde ambas acudieron. Ya que las dos vivían frente al río en donde tenían su nido y sus polluelos pero en el registro consulta salió un que marcaba peligro el cual Orula le recomendó que tenían que mudarse de donde vivían mas se fueron y la gallina cojeo su nido y se fue para la montaña pero la pata cabeza dura no hizo caso por ser testaruda y en su Empeño. Por no dejar el lugar en donde ella vivía frente al río se quedo mas de repente fue tanto lo que llovió que el río creció y le llevo todo a la pata por su desobediencia. Razón por la cual en esta vida se come mas huevo de gallina que de pata

Historia Pakiti De Obe}

Cuenta este pakiti historia legenda, que una vez abátala necesitaba los servicios de un maestro de obra para reparar su castillo en lo cual decidió emplear obe que por su conocimiento e sabiduría el cual tenía su aprendiz y el comienzo de la obra empezó abátala contento con el trabajo todos los día les Tria bebida preparada con maíz eco en una jícara y como a obe no le gustaba siempre se la daba a su ayudante el cual lo tomaba y en el fondo de la jícara siempre abátala le ponía una piedra preciosa la cual el ayudante las guardaba hasta el finar de la obra ya terminado el proyecto y el ayudante había partido abátala llamo al maestro de obra y le pregunto que si le habían gustados los regalos y al maestro de obra decir que regalos abátala le explico de lo que él le había dado más el ayudante monto su propio negocio por.

{Historia De Obara}

Cuenta en este letra en esta legenda, un pakiti, que había una persona que se llamaba obara que le gustaba decir muchas mentiras a todo el mundo hasta el extremo de mentirse a si mismo ya cansado de vivir en el mismo lugar se fue a otro pueblo a probar suerte ya que estaba pasando mal y nadie quería escuchar sus mentiras mas al llegar al otro pueblo llamo a la gente y les dijo que se prepararan que todos serian ricos mas aconteció que por la noche hubo un resaque del mar y echo hacia la orilla tesoros y riquezas de la cual todos cocieron y hicieron a obe rey y por eso que nadie es rey en su mismo pueblo y que de la mentira nace la verdad maferefun chango cavio sile

Pakiti De Elleunle

Historia Del Ciego

Dice esta historia legenda pakiti que en un pueblo había un ciego que era muy orgulloso hasta el extremo, de decir que si su cabeza no lo vendía, no existía rey que se la comprara en la tierra. Pero aconteció que el rey se entero por boca de elegía y lo mando a buscar al ciego y le dio un collar de perla a guardar y el ciego se fue a su casa a guardarlo paro el pillo viendo donde el ciego lo guardaba se lo robo pero al pasar frente al mar se cayó y más adelante el rey mando a buscar el collar pero el ciego lo busco y no lo encontró y se fue donde Orula a consultarse por lo sucedido y Orula le marco un Ebbo de rogación de cabeza con un pargo lo cual el ciego compro y al abrir el pargo {pez} lo tenía adentro y el ciego quedo bien por darle el pargo a su cabeza maferefun Orula.

{Historia De Ocana Sode}

Cuenta este pakiti legenda historia de la religión yoruba que en un pueblo había un rey que dio orden de que todo el mundo tenía que rogarse la cabeza lo cual la gente, por mandato del rey lo hizo al pie de la letra. Pero había este personaje testarudo que no hacía caso a nadie ni respetaba a los mayores mas el rey había dado orden que el que no lo hiciera tendría que pagar las consecuencia lo cual se le aconseja al cabeza dura y cuando él iba caminando por el camino lo apresaron y luego lo mataron par cabeza dura y desobediente. Respeto a los santos y los muertos.

Historia Del Perro
Ogunda

Cuenta este pakiti historia legenda que había un muchacho que tenía un perro pero siempre tenía problemas con todo el mundo y lo estaban velando para darles de golpe y él se escondió en una cueva en la persecución. Pero cuando el perro se fue a meter el lo saco y el perro se fue pero por el camino y los que estaban persiguiendo lo vieron le dieron comida lo acariciaron y le dieron a olfatear una ropa y el pero los guío al lugar en donde estaba el muchacho escondido y lo mataron evite pleitos no maltrate los perros Ogunda es sangre maferefun Oggun.

Pakiti Historia
De Obe Llono 8\3

Cuenta este que tiempos pasados INLE hombre de sabiduría mago en sus curaciones era para todo un rey susto curandero el cual quería a todos. Pero como todo en la vida siempre la envidia mata. Por lo tanto Malecun se confabulo con el pueblo a hacerle daño a INLE virándole el pueblo en contra lo cual lo logro y INLE se fue y se escondió en el barco en el cual omolocun quería poner otro rey al decir que INLE estaba viejo y cansado mas hicieron una ceremonia y mataron un chivo y botaron la cabeza. La cual INLE coge.

Mas al ver Olofi tanto desorden vino y les pregunto que ellos celebraban y ellos le dijeron de poner otro rey y Olofi {Dios} les pregunto todos y ellos le presentaron las partes del animal y al terminar el le pregunto por la cabeza, ellos le dijeron que la habían votado mas de repente salió INLE con cabeza en mano y fue cuando Olofi Dios les dijo que un cuerpo sin cabeza no es un cuerpo y que un barco sin timón no es un barco, que INLE era la cabeza del pueblo. Maferefun INLE el médico divino san Rafael.

Otra Leyenda Historia
De Obe Llono

También dejo saber que en la letra oddu de ebellono 8\ es aquí donde Asoano assolli {San Lázaro} era babalao el primero y un rey muy poderoso e rico y justo lo cual Olodumare {Dios} lo quiso probar, cuando Olosi levita {el demonio} le dijo que no había un solo hombre justo en la faz de la tierra, lo cual Olodumare le dijo que si lo había. Que era Asowano san Lázaro y en prueba le quito todo y Asowano siguió conforme mas no estando Olosi {el demonio} convencido le dio lepra mas dice esta historia legenda de la religión yoruba que Asowano, san Lázaro seguía conforme. Que fue donde la legenda dice que Olodumare {Dios} le dijo a levita Olosi {el demonio}, que si lo quería matar mas también. Mas es por eso que para mi entender hasta fue resucitado de los muertos este es Asowano san Lázaro obe Llono

Historia De INLE Y Ochosi 5\7}

Dice Olodumare que cada cual es lo que es bajo la faz de la tierra y nada más y aconteció que hubo un tiempo en donde INLE era el mejor pescador del mundo y Ochosi el mejor cazador lo cual cada uno tenia se {ache} su gracia y en el mercado cada cual vendía lo que pescaba y el otro lo que casaba pero en cierta ocasión se encontraron y se unieron por eso no INLE sin Ochosi en las ceremonias lo cual hace que ellos vivan juntos maferefun la osha INLE abata y Ochosi y cada cual tiene lo Zullo.-

Prosiguiendo En El Aprendizaje

Oggun hermanos omorishas de la vida todo se espera, en extraer lo máximo de lo que se pueda. Ya que aprender esta en motivarnos para que de esa forma mágica haga sobre nosotros el milagroso, que tal vez una vida no nos bastaría para aprender de ella, para llenar el Ángelo del alma. Más dentro de cada lección es un paso andado de vida experiencias vividas canas que han marcado el marcapaso de la vida dentro de mí caminar en esta religión del santoral yoruba

Aun mas si de lo dicho marca mis huellas en estos párrafos déjenme brindarles el tesoro de la sabiduría vivida para que les sirva de guías dentro de este legado religioso del santoral yoruba, mas sientan el repicar de los tambores vibrar en sus corazones y que esta enseñanza les sirva de guía de camino en esta religión de la santería. Ochun Alamace. Amen aleluya y sigamos con las lecciones de la religión de la santería

Procedimiento de la matanza sea el sacrificio del pollo dentro de esta religión del santoral yoruba todo estos rituales requieren de cantos Osian rezos. Ya que dentro de ellos se encuentra la magia de la santería de la cual se desprende este legado religioso algo muy simulado a la religión de palo monte

Que de igual manera se ejecuta n los rituales de los sacrificios de la religión por lo tanto siempre se debe de estar atentos, ya que la magia esta en hacer las cosas bien hechas para que salgan bien. Ya que el ochagun de la religión es Oggun santo ejecutor para todo los sacrificios lo cual se lo otorga Olodumare dios en la faena de ser el verdugo de obatala. Ya que este dios dueño del hierro es la acción y la reacción el cuchillo y la fuerza

Procedimiento E Ingredientes
Del oráculo de obi

Plato con cuatro pedazos de coco
Jícara de agua
ROM
Miel y hasta un tabaco por si el santo lo pide

Mas en mi recomendación y como debe ser primero se le da coco al santo y supongamos que es eleggua legba eshu que se le va a dar un pollo sin sazón le cortamos el cuello y ya. Pues esto no es lo correcto. ya que dentro de las ofrendas y plegarias a los Orishas estos rituales de reverencias y tributos de agradecimiento se debe hacer bien mas por eso es que motivado por la fe hago llegar estas notas a todos los omorishas hermanos santeros

Más les hago mención que en los tiempos de antes hasta después de haberles dado un pollo a eleggua se le asaba con manteca de corojo y se le ponía por tres días a eleggua y se le llevaba al monte o la manigua o a las cuatro esquinas. Amen aleluya y sigamos con la santería

Mayugbba es el rezo de reverencia a la mayor toda esa ciencia que esta al pie de Olodumare aballen temu y al padrino o madrina pidiendo bendición siempre para todo ritual u obra que se realizasen esta religión del santoral yoruba

Primero que nada ya con los santos o Orissa en el piso al cual al levantarse se dice ago. Con permiso eleggua puesto en su posición se cojee el agua de la jícara y se dice

Omi tuto
Ille tuto
Tuto aricu
Aricu babawa

Ya dicho este rezo Mayugbba baba ayugba Olofi Mayugbba Orishas

Luego se cojee los cuatro pedazos de coco en la mano y se le pregunta a eleggua con Obi el coco para su respuestas. Igguoros hermanos homérica el oráculo de Obi el coco tiene cuatro posiciones solamente

Se dice al tirar el agua y con las manos tocar el piso

Ille moco ille moco acuelle moco

Obi eleggua, acuelle

1... **Alafia**--- cuatro blancos que es si bueno

2... **Eyeife**--- dos blancos y dos negros letra de afirmación

3... **Itaggua**--- tres blancos y uno negro el cual se tira otra vez y si sale de nuevo Itaggua lo que se sabe no se pregunta y acompañado por eyeife o alafia es bueno

4... **Ocana**--- letra negativa de rechazo lo cual Falta algo
Tres negros y uno blanco

5... **Eyecun**--- todas negro anuncia muerte tener precaución

Nota

Mas dejo claro que el oráculo de adivinación de Obi el coco se extiende mucho mas de estas letras que a través del tiempo se van conociendo ejemplo alafia seria el oddu elleunle letra de cabeza de la cual se manifiesta obatala Itaggua se compara con ogunda 3 donde se manifiesta Oggun eyeife se manifiesta Ochosi los jimaguas y los mensajes pueden variar. Eyecun viene siendo ocana que nace de Ofun mafun que fun. Amen aleluya. Ya todas las letras se pueden manifestar diferentes

El Sacrificio De Ofrendas

Primero antes de ejecutar el sacrificio del pollo a eleggua el ejemplo se le lavan las patas y el pico

Con un cuchillo lo entra en el cuello

Canto
Ñakiña Ñakiña loro
Vara lláguese, lláguese loro
Ñakiña Ñakiña loro
Vara lláguese, lláguese loro
Ñakiña Ñakiña loro
Vara lláguese, lláguese loro
Oggun choro choro

Eleggua decun eran decun ye
Oggun decun era decun ye
Ochosi decun eran decun ye
Osun decun eran decun ye

Eye si m oduure

Ebia mai

Eye si m oduure ebia mai

Eye si m oduure ebia mai

Eleggua decun eran decun ye

Oggun decun era decun ye

Ochosi decun eran decun ye

Osun decun eran decun ye

Eye si m oduure ebia mai

Eye si m oduure ebia mai

Eye si m oduure ebia mai

Igguoros al darle termino al sacrificio del pollo se le echa agua por el cuello encima del santos {Orishas} se dice

Ero., ero corizo ero

Ero corizo awo

Ero ero corizo ero

Luego si se le va echar miel que se la que endulza los Orishas para con nosotros. Se le canta

Varai la wido oñio

Oduumama wido oñio

Varai la wido oñio

Varai la wido oñio

Oduumama wido oñio

Varai la wido oñio

Varai la wido oñio
Oduumama wido oñio
Varai la wido oñio

Luego se le dirán plumas del pollo encima del santo se canta

Eran popo pomi
Eran popo pomi laye
Eran popo pomi
Eran popo pomi laye

Lo de los animales de cuatro patas se le deja para los oréate los pinalderos. amen Ochun Alamace

{Los Orishas santos}
Dioses Diosas Potencias Deidades

La palabra bien claro lo dice, Orishas deidades del panteón yoruba Lucumi, algo que encierra tantos misterios. Dioses de la adoración, dentro de un legado religioso que crece, créese, como la semilla dando fruto al paso del tiempo. En el encuentro de los fieles creyentes, que se une en la cadena de fe, abrazándose unos a otros. Algo muy particular, en como la religión de la santería a través del tiempo hace historia Legendas vivas de emigrantes que, como la serpiente que ha dejado huellas al paso de la existencia de esta religión en nuestro suelo.

Legendas vivas de un ayer trasformado a un presente que abarca la fe misma para que los creyentes credos, que den el comienzo, en donde el canino terminado abra la otro camino para proseguir a través de la fe.

Igguoros {hermanos}, ¿dónde termina el camino, que la fe no abra otro camino? y así es este legado religioso. La religión de la santería es el tigre {ecan} fífí ecan wini quidecun? del continente africano que marca Osun en los eleri {cabezas} diariamente formando los devotos a omorishas a través de Orissa, {santos} en unificando el {ashe} la gracia, de Olodumare, {Dios} a través de sus emisarios, para de esa forma regir nuestros destinos dentro del santoral yoruba lukumi.

En verdad esto es la religión de la santería. La cual va más allá de lo enseñanza al pueblo santero del cual yo Misael Oshun a la mace formo parte por tantos años desde el llegar a este país. Al cual me UNÍ y doy testimonio de la grandeza que encierra esta religión por la cual carece por la faltar de información al pueblo santero. Que espera con ansia el milagro para reunificar el poder de la sabiduría de los misterios los rituales obras en cómo se ejecuta en si esta religión de la santería en sus principios y prácticas.

Mas dejo bien claro del el entendimiento, e experiencias vividas, que tengo de esta religión de la santería. Sé que un sinnúmeros, de deidades, {Orissa} dioses diosas potencias santos pasan desprovistos por la falta de enseñanza sus poderes, los cuales nos pueden ser de gran ayuda. Por eso yo enseño santería no gramática, ni ciencia. Solo me baso en este manual de enseñanza, en dar lo que el pueblo de los {omorishas} Igguoros omorishas deben conocer. Ya que lo que no se enseña se va a la tumba y no deja legado ni raíces que retoñen para dar fruto de enseñanza como la historia muerta de las tumbas del olvido

Santeros omorishas por lo tanto se debe saber, de lo que es en si la religión yoruba Lucumi. Un mundo lleno de misterios, del cual, ya se han perdido la mayor parte de el conocimiento, de los Orishas existentes y de los que quedan, ya que muy pocos santeros omorishas saben de ellos, aunque lo tengan marcado en sus libretas de Ita desconocen el poder que ejercen sobre nosotros en nuestro diario vivir dentro de esta religión de la santería. Amen

Para dar comienzo Igguoros {aburres} hermanos de la religión de la santería a una enseñanza adecuada, tendríamos que saber los pormenores de los conocimientos de nuestros credos religiosos, sus trascendencias, sus pasos y en que nos apoyarnos para creer en lo cierto o lo incierto. Ya que

{Olodumare} Dios nuestro creador, nos suplió de instinto para tomar decisiones de acuerdo a nuestro criterio.

Algo muy común de la humanidad dentro de factor fe en acuerdo a lo que se refiere a los legados religiosos de los que nos tropezamos en el diario vivir de la fe misma, para unirnos a ellos en devoción de credos. Factor en donde la fe se apoya para dar comienzo a la fe, en seguimientos que re fortalecen el existir humano. Ya que sin el factor predominado fe no podemos vivir. Pero hermanos omorishas lagua lagua el llenar el alma en plenitud es estar conforme en lo que creemos dentro del mundo de dudas en el cual nos encontramos muchas beses en esta religión de santoral yoruba. Amen

Entonces hablemos del santoral yoruba lukumi legendas historias que unifican lo que fue y lo que es seguir los legados religioso, en revivir las costumbres del cimiento de lo que nos dejaron nuestro antepasado. Sin que la esencia mágica el por educto de lo creado, a través de la fe siga viva en nosotros, los fieles creyentes. Incluso esto es Para que tengamos presente que los Orissa Orishas deidades entidades dioses reinas potencias de las cuales nos apoyamos en nuestras creencias dentro de la religión de la santería. Que nos une a ellos como eslabones de los cuales como los emisarios de Olodumare Dios, el cual nos enlaza a ellos para regir nuestros destinos.

Más en conocer a fondo el sinnúmero de entidades Orishas que por falta de conocimiento pasan desprovisto. Aun mas es por tal razón que dentro de mis enseñanzas ustedes puedan saber de tantas Orissa que de acuerdo a la religión de la santería no se conocen por la falta de enseñanza dentro de este legado religioso, el cual el tiempo marca historias leyendas. Ecos melodía de tambores que vibran los corazones de los fieles creyentes en recordatorio de fe y seguimiento de un pasado transformado a un presente, huellas del andar pasos que marcan la historia, camino, en donde termina el camino. El bastón que soporta la fe de los devotos del santoral yoruba. Amen Ochun Alamace homérica de corazón.

Nota este tema de dioses deidades Orishas lo encontraran en el otro libro ya que esta enciclopedia se dividirán en volúmenes y capítulos para facilitar y dividir las lecturas de la enseñanza de lo cual este legado religioso del santoral yoruba se trata dentro de la mitología africana del panteón yoruba y los misterios que encierra, lo cual reitero basado a mis experiencias que este mundo santero de dioses deidades Orishas va mas allá de lo que el alcance de lo enseñado dicta.

Lo cual en mi deseo de persona religiosa, mas como un eslabón de la cadena que nos une en fe doy rienda suelta a lo que por tantos años he re cultivado como un Jardín el cual medado frutos de sabiduría las cuales quiero compartir con ustedes mis Igguoros

Omo Orishas, para que del fruto todos obtengan la savia que nutre la inteligencia de lo que en si es este legado religioso del santoral yoruba

Lista De Orishas Dioses
Del Panteón Yoruba
{Legba eleggua eshu}

Dentro del alcance del conocimiento, está el conocimiento, esta la vida y los caminos a seguir de acuerdo a esta religión de la santería. Un concepto que hace de esta religión única en su función religioso. Ya que la vida sin camino estaríamos perdidos. Es por eso que Elleggua legba tiene su función dada por Olodumare {Dios} como su mensajero como portero dueño de los caminos deidad que dentro alcance de la vida es el que nos guía para que a través de esta deidad conocida, como legba Elleggua eshu, el cual todos le rendimos tributos en esta religión de la santería.

Por lo tanto Igguoros hermanos Ele, es como {ille} {casa} eleggua es {guardiero} por eso es que eleggua potencia es como un dios dentro del panteón yoruba del cual se desprende su poder para con nosotros en formar parte de nuestro hogar un vigilante que contrarresta el mar junto a sus compañero Oggun Ochosi y Osun llamado los guerreros que eran de cuñe. Potencias de las cuales esta religión sigue trazando caminos. Para que así podamos nosotros disfrutar del ashe, la gracia de la cual al Olodumare Dios nos ha dejado en estos diosa Orishas reinas reyes deidades entidades Orishas que componen el panteón yoruba. La cual conocemos, como la religión de la santería.

Por lo tanto veámonos de la otra cara de la moneda ya que la acción de Elleggua bienhechora por el otro lado muchas beses es un poco incontrolable por la acción maléfica que puede causar. Porque si lo vamos a ver desde el punto de vista cuando por un lado te acaricia y por otro lado acaba con uno en un instante y te deja en la ruina. Como cuando sale Ojuani Chobe no 11 si uno no se espabila lo manda hasta un presidio y acaba con uno. Esta es la acción de echu es desvara y Compone, como se dice en la religión de pala monte.

Por lo tanto de Elleggua se desprende el iré sea el bien y el mal. Ya que esta deidad Orissa tiene dos caras y cuando pone la del Osogbo la cara de no alegre de cierto le tranca los camino a cualquiera. Esto mismo le paso a Orula en una ocasión por no darle de comer y desatenderlo y por es menester tenerlo de buena. Si no pregúntenle al Oluo babalao a los Igguoros santeros de cómo es este niño cuando se pone bravo.

Caminos de Elleggua los más comunes y ciertos Elegguas en sus caminos solo lo dan los oluos

Eshu Bara, eshu bi. Eshu aye, echu barala biqueño, eshu alaguana eshu alona eshu larolle eshu Afra, eshu ode mata hecho grillelu, echu añagui, echu achiculu...

Oggun arare

Oggun Alagguede

La acción y reacción

En si, quien en si es el Orissa Oggun Arere, Oggun Alagguede Oggun añile el choro, choro la acción y la reacción de fuerza, los movimientos de la vida misma. Ya que todo lo que se mueve en lo que se ejecuta. La acción, el verdugo de obatala y del mandato de Olodumare Dios dentro de los sacrificios de las afrentas de animales en esta religión de la santería. Dueño del hierro la acción y reacción de la vida misma. Potencia en sí que encierra el poder de ejecutar los movimientos de la vida en sí. Orissa que dentro del panteón yoruba tiene el lugar la potestad como dueño del hierro el cuchillo para hacer las ofrendas dentro de esta religión de la santería en lo referido al sacrificio de los animales.

Obatala Eboses Ardimu

Esta deidad de la religión del Panteón Yoruba, abátala Obátalaisa, dueña de todas las cabezas, es solo cuestión de saber sus obras, ofrendas y ardimu, para obtener todo lo que se desea, siempre y cuando sea justo, ya que su poder benéfico dentro del Panteón Yoruba abarca la función de su potestad dentro de este legado religioso. Son tantas las obras que ustedes no tienen imaginación lo que se puede con esta deidad. De plano, les digo todo, ya que mi Padrino de Santo Antonio Carmona Ewin Tolú, tenia hecho abátala, y bien reconocido por su poder y sabiduría. En su memoria, recordando sus tiempo, maestros de los maestros "Lorenzo Antonio Carmona, Ewin Tolú una ciencia ejerciendo dentro de este mundo te creencias arribadas en la oleadas de emigrantes en la trata de los esclavos a nuestras tierras.

Por lo tanto, la hechicería y la magia de la Santería {aburres} hermanos tienen mucho de qué hablarse dentro de lo que se refiere. Pero, es mas lo que está en el ocultismo y bajo de la tierra, que lo que se ha aprendido de este legado religioso, que deja atrás la esencia de lo grande que es esta religión, De la que hoy en día conocemos como la Santería la ocha, {la cari ocha}. {Aburres} hermanos, Porque, del hecho al trecho, queda mucho de qué hablar y caminar, en lo que se refiere a sus obras y ardí muses, secretos que muchos en si desde el mismo comienzo de esta religión yacen en la tumba del olvido dentro de un mundo en busca de la verdad. Además de la magia de la hechicería, que encierra la religión Yoruba, aburres (hermanos), la vida es como una ruleta que da vueltas, pero la esencia de los legados religiosos son la semilla del ayer de lo que recogemos para formar parte de ella.

Por eso, la enseñanza de lo creado es seguir las huellas para cultivar la sabiduría donde la fe pueda encontrar lo que encierra este legado religioso de la Santería Cari Ocha que va mas allá del tiempo y lo que de ella se puede aprender de cada deidad Orishas que es como en si se llama a los Orishas. Ya que el panteón yoruba es una religión tan antigua misma como el tiempo mismo que dentro de fu función ceremonias y rituales conserva la magia misma de sus misterios y ya al llegar por el ocultismo de mantener este legado, viento en popa por la persecución de los que catalogaban esta religión como primitiva salvaje, se acta por llamarla santería en igual al santoral catabólico, que en si es la ocha la cari ocha mas lo mismo sucedió con la religión de palo monte que a los báculos sagrados altares se llama prendas gangas

OFRENDAS Y HECHIZOS
Para Obatala

Ñame cosido se maja, se le agrega manteca de cacao, cascarilla y se hacen ocho bolitas como de dos pulgadas redondas. Se cubren con algodón y se le hace una lámpara a Abátala con aceite de comer o bálsamo tranquilo durante ocho días. Esto trae desenvolvimiento y paz para los hogares y salud cuando alguien está enfermo en el hogar o la tranquilidad no existe por causa de malas corrientes. Por lo tanto, estas obras (ofrendas) pueden hacer la diferencia cuando se hacen con fe a esta deidad del Panteón Yoruba, que encierra tantos misterios de los cuales se pueden beneficiar los fieles creyentes de este legado religioso ----Otra obra

Se coged estas plantas que les voy a dar a continuación las tripean, poco a poco hasta triturarlas completas. Le van agregando agua bendita y agua de la pila. Solo basta fe y amor, ya que esta deidad escucha todo lo que uno le habla. Obatala es dueño de todas las cabezas. Esto obra se hace en una ponchera o una fuente grande.

Ya terminado este baño fluvial, se le saca las hojas aparte. Al baño,

Le agrega leche de cabra, cacao y cascarilla con las hojas ripiadas. Cojee un jabón de castilla y lo guaya por el lado grande de guayo encima de las hojas plantas. Se los pone a Obatala. Si es Santero, (homérica) y si no con fe que es suficiente para que Obatala le conceda el favor deseado con estas plantas. Se entrega mientras se echa el baño. Este obra ceremonia sirve para todo, salud, suerte y desenvolvimiento siempre que el factor fe este presenten lo que se desea con fe.

Plantas: Pro diosa, algodón, almendra y guanábana

BAÑO Fluvial De Obatala

Cuando no puede dormir bien, tiene perturbaciones, insumía, falta de salud, todo andar mal en el hogar. Esta obra es muy eficaz, ya que esto es lo que yo hago en la vida, consultar, limpiar, aconsejar y enseñar de esta religión de la Santería sea en Santo, Palo o Espiritismo. Esta recetas son un tesoro que vengo cultivando en mis años de ser un Sacerdote mayor, homérica, Oréate y Ochun Ala mace de sabiduría y experiencia son mis consejos dentro lo vivido ejerciendo por medio siglo de experiencia al servicio de esta religión de la Santería de la cual vengo ejerciendo en el transcurso de medio siglo.

Obras y baños

Se cojeé leche de cabra, agua bendita, siempre viva prodigiosa, agua de arroz, Cacao y cascarilla. Todo en un envase grande al preparar este baño de quitar maldiciones. Es importante tener todo listo ya que luego de hacer Esta obra. Es preferible irse a dormir después de baño. Este baño, la persona no se puede secar tiene que vestir de blanco con un pañuelo blanco cubriéndose la cabeza y en el centro de la cabeza, ponerse cacao. Este baño, como todas las obras y ofrendas y hechizo para el bien. Para todos los aburres (Igguoros omorishas hermanos) de la región y todo los fieles creyentes, ya que el pan del bien se comparte para que el fruto del bien con obatala lo malo se pueda deshacer de nuestras vidas si el factor fe esta en nosotros ya que los Orishas deidades entidades de las siete potencias africana su misión es ayudar en todo momento y esta entidad llamada abátala la virgen de las mercedes por su poder bienhechor se presta para bien nuestras vidas.

Consejo de sabio, en memoria de Antonio Lorenzo Carmona, mi Padrino quien en vida fue Ewin Tolú y que de esta forma, como yo lo comparto con todos ustedes, así mismo puedan ustedes compartirlo con todos sus hermano de religión. Todo aquel fiel creyente que anda en busca de la verdad dentro de este legado religioso que encierra tantos misterios de un pasado transformado a un presente del cual somos la semilla del ayer para seguir las huellas de este legado religioso ya que somos el principio de donde termino el camino de nuestros patriarcas. Aun maíz conservar el por educto es aquí donde conservar la esencia de esta religión de la santería la Cariocha, sin alterarlo el por educto es conservar la magia de lo que se fundó en la fe y a través de la fe vive de esta legado religioso, que es la religión yoruba conocida como la santería en la cual nos apoyamos sus fieles creyentes.

PARA DESPOJAR LA
CASA CON OBATALA

Hermanos míos aburres lagua lagua cuando de espantar una mala corriente se trata, sea por algo enviado, o un mal en la casa. Sea por, Icu muerte, ano enfermada fitivo algo mal de repente, esto sea por diabólico de un mal que se apodera de su hogar o algún miembro de la familia, la enfermedad o la muerte, siempre se recure a Abátala. Por su obra bienhechora Ya que esta entidad reprende lo malo y lo aleja a eshu el mal dentro de los hogares en los Ebbose que encontraran en adelante estas sobras con obatala pueden ser muy eficaces en cuanto alejar el mal.

Obras de Obatala

Hermanos Igguoros omorishas esta obra se hace con Agua bendita, abericola, o prodigiosa o bledo blanco cacao y cascarilla. Todo se mete en un envase o una jícara y se cojeé la planta y se tripea con el agua. Luego le agrega

Cascarilla, cacao y se rosea el hogar y pidiendo le a Obatala que aleje lo malo. Se le prende una vela blanca a Baba en nombre de la paz que esta deidad representa para los fieles creyentes de la religión del yoruba la santería de la cual como sacerdote mayor en práctica por medio siglo conservo secretos de la magia de lo que se conoce como la religión yoruba la santería Cariocha mas yo Misael ochun ala mace homérica de todo corazón {hijo de santo}.les brindo estos secretos obras para el bienestar de todo aquel que busque soluciones dentro de esta religión a través de abátala virgen de las mercedes en los ardí muses eboses limpias despojos

Otra obra

Hermanos de la fe, de esta deidad entidad del panteón yoruba todo se puede esperar si dentro del pedir esta la fe sea santero aleyos, creyente, ya que dentro de sus misterios. Abátala es la bienhechora del bien sin quitarle merito a los otros Orishas, ya que todos se prestan al bien. Aburres hermanos con el bledo blanco y la prodigiosa y una escoba de palmillo, se limpia el hogar y también se puede baldear la casa para sacar malas vibras corrientes malas que solo nos traen trastornos a nuestras vida haciéndonos miserables enfermos con mala suerte intranquilos, indeseables hasta con nosotros mismo, algo que en si es causa de esas malas vibras que se apoderan de nuestras existencia en el diario vivir.

Otro baño fluvial

Hermanos, omorishas de la fe, todo se puede esperar hasta los milagros. Por lo tanto de esta obra en nombre de abátala, Luego se agrega agua de arroz, leche de cabra si le es posible o de lo contrario usar leche regular y flores para el baño fluvial. Después de hacer despojado la casa, se pone una fuente con leche, cacao y cascarilla frente a la puerta y se le prende una vela a Obatala para que todo salga bien. Esto sirve para alejar el mal, trae suerte y salud. Solo falta corazón y voluntad para que esta entidad, que es dueña de todos las cabeza haga los milagros que se les pediste. Ache Baba Obatala Obátalaisa calanbo malambo ache a mí baba, illa locha, Baba losha, Igguoros que están embelese, tinbeloro, al pie de María santísima toda esa ciencia de los antepasados santeros que ya partieron dejándonos la semilla de la fe y el cultivo de lo que nosotros los santeros y fieles creyentes nos apoyamos dentro de este legado religioso.

{Oke la montaña}

Hermanos {Igguoros aburres} por lo normal esta entidad de abátala los {omorishas} santeros le ponen una escalera y dejo bien claro que Oke es un santo que vive dentro o fuera, que es lo más recomendable y el representa la montaña y el que machuca el ache de las plantas y es por esta razón, que cuando los {omorishas} santeros van a la montaña se pueden vestir de blanco mirar al cielo y pedirle a {Oke} y a baba abátala Obátalaisa, mirando a Olorun, el sol y llevarle ofrendas de abátala arroz blanco con granjas de plata cacao y cascarilla y hacerlas peticiones para lo que se desea para salud y desenvolvimiento en nuestras vidas cotidianas

Esta deidad se pone individual en una cazuela de barro y se tapa con algodón y se le hacen ofrendas y lámparas de aceite tranquilo y se le ponen bolas de ñame y se le hacen peticiones. Ya que trabaja para abátala en sus faenas y es por esta razón, que Oke vive fuera para que trabaje. ya que la montaña {Oke} que él representa es inmortal y este {OTAN} piedra de santo es muy sagrado dentro de la religión de la santería de la cual tiene tantas obras eboses y ofrendas que por la falta de conocimiento se pierde la magia la verdadera hechicería de este legado religioso la cari ocha Cabori elerdad y les dejo saber que siempre que pasen o vallan a la montaña se tapen su {eleri elerdad} su cabeza como honor a los Orishas santos y a {Olodumare}/ Dios nuestro creador Olofi nuestro bienhechor y abátala santo que representa las {cabezas} eleri elerdad.

Lista de plantas para Obatala

Siempre viva, Algodón, bledo, blanco, almendra Amón campana peregun, salvadera, galán de noche, hierba fina, hitamos real, lechera, flor de agua, frescura, canutillo blanco, acacia, cimarrona, estropajo, prodigiosa, corazón, ciruela, almacigo verbena aguinaldo guanábana, higuereta, piñón de botija paraíso

{Animales}

Chiva blanca

Palomas blancas

Guineas

Gallinas blancas

Atributos para Obatala

El agoggo campana de plata

Un rabo de caballo

Algodón cacao cascarilla

Una escalera

Un monito

Comidas ofrendas

Arroz con leche

Maicena

Bolas de ñame

Granjea de plata

Maíz fresco

Manteca de cacao

Pescado con manteca de cacao

Capullo de algodón

Lámparas de aceite o bálsamo tranquilo

Deberes Olvidados

Organ deidad que trabaja para abátala en sus faenas en igual a Oke y Oggun su verdugo en los sacrificios ejecutor dueño del hierro y la fortaleza así también es Organ santo que para muchos santeros tal vez sea desconocido por la moderno de cómo se quiere llevar la religión de la santería. La cual tiene en si poderes desconocidos, obras, eboses en el olvido. Deberes que por la falta de enseñanza que se van perdiendo la magia de lo que en es esta religión del panteón yoruba de la cual las costumbres del modernismo y la falta de la faena para hacer las cosas bien hechas.

Por eso hermanos aburres esos deberes a la reglas de este legado religioso pierde el {ache} la gracia de lo que en si es la santería en compasión de ayer al día de hoy. Aburres omorishas de la fe, la fe, empieza por la fe y devoción por la cual forjamos nuestros destinos dentro de los credos a los cuales entregamos nuestra alma, al compás de la vida de fe, en nuestras creencias religiosas, en las que depositamos la confianza para guiar nuestros destino de acuerdo al vivir cotidiano.

Es aquí donde yo Misael al referirme a la religión de la santería y al manejo de la función en la cual toma rumbo perdiendo la esencia de las practicas. Donde el por educto religioso se altera por la falta de conocimiento y la teoría de enseñanza que inutiliza lo hermoso de lo que es, en si la religión de la santería. Un concepto equivoco, en no brindar la magia del saber para que todos los omorishas y los fieles creyentes obtengan desde un principio el merecido de lo que ellos se merecen en cuando a la religión de la santería se refiere para una enseñanza de acuerdo a la fe brindada.

Hermanos {omorishas}.obviamente, dicho esta que dentro de los desacuerdo de la fe misma, abarca todas las creencias dentro de la humanidad, que no vive en unión de compáranos y es aquí donde nacen los desacuerdos el confito humano en no compartir los mismos ideales religiosos como le sucedió a los mimos africanos que en la oleada de los emigrantes fueron despojados de su tierra natal y traídos a nuestras tierras por un mundo civilizado, que viendo en estos nativos africanos gente salvajes solo por el mero hecho de la desigualdad de credos y costumbres en cómo se vive dentro de la fe aunque sea servir a un mismo dios.

Historia repetida de la religión de la Santería, que en sus viajes no ha detenido el paso del andar en conquista de los fieles creyentes. Para mí este legado religioso, es más que una religión de la cual, va mas allá de la misma vida, en un encuentro con los emisarios, de {Olodumare} Dios, que vienen siendo los Santos, {Orishas}; a los cuales se les rinde tributos en esta religión de la Santería. Religión en conformidad, unificando la vida de lo creado y regidas por el poder celestial que nuestro creador otorga a los Ángeles guardianes, que en este legado religioso vienen siendo los Santos {Orishas} del Santoral Yoruba.

Ardimu ofrendas a Elleggua

Elleggua eshu, fuerza y poder deidad de panteón yoruba que encierra los mismos misterios de la vida misma. Ya que como dueño de los caminos representa alegría y desgracia. Ya que dentro su aspecto de bienhechor es el bien en si indiscutiblemente en brindarnos suerte y su protección en los caminos de la vida. {Legba} Elleggua tiene el poder de la fuerza positiva en {elle} ille {casa}, ya que su significado es casa y por el otro lado {gua} el significado es guardiero celador de las puertas en la religión de la santería al cual todos los omorishas {santeros} les rendimos tributos en igual a todos los fieles creyentes.

Legba eleggua eshu son como el aceite tres en uno travieso juguetón maldoso, lleno de atención, para su {ille} casa cuando esta de buena con la cara roja como decía mi padrino, Antonio Carmona. Pero cuando esta con la cara negra desbarata la casa y se queda riendo como si nada, algo muy singular de este Orissa santo o un demonio. ¿Cual Serra en sí?, al que todos adoramos en este legado religioso de la religión de la santería pareado a la religión del panteón Congo lucero nkuyo, Ndoki bueno y Ndoki malo a la cual pertenezco como gangulero Kisi malongo, ya que practico la diversas religiones.

{Igguoros}, Omorisha hermanos, vamos a la cara de Eshu de aspecto diabólico acompañante de Oggun, en sus fechorías, vive en las cuatro esquinas y trepado en los poste o en la encrucijada de los camino haciendo de las zullas y cuando se apodera de {ille} casa, ay bendito de las que puede hacer. Espanta refunda, alma pleitos busca líos, sale como una sombra, no deja dormir, crea espanto, dolamas, intranquilidad estrés desacuerdos y si no se detiene te manda al {ille} casa de su otro acompañante, Ochosi esa al presidio.

Es por esta razón que esta deidad Legba, Eshu y Elleggua, se tiene que tener de buena en lo que se refiere en esta religión de la Santería que son Orishas de grande poder. Sin estos individuos no se puede vivir, ya que en el reino de al Olodumare {Dios} existe lo malo y lo bueno sea Olofi y Olosi, Dios y el Demonio, como lo dicen los chinos el Yin Yan (lo positivo y lo negativo) Este es el papel que este Orissa, Orishas representa en su papel como dueño de los cuatro caminos en regir nuestro destino en la religión de la Santería la Cariocha Cabori elerdad los cuerpos con cabeza por obra de Olodumare {Dios} que nos envía los Orishas para regir nuestros destinos.

Obras Ofrendas e Hechizos
Legba, Elleggua Eshu Larolle

Omorishas (hermanos) de la religión de la Santería tiene su magia, hechizos, obras, eboses y ardimu, de las cuales se puede hacer de todo o es acaso que los Orishas {Santos} del Santoral Yoruba están pintados en las paredes para que las fuerzas del mal los tengan atados. Teorías equivocas que los Omorishas, sea los {Santeros} han tenido que defenderse del ataque de otros legados religioso. Esta religión ha sido perseguida al principio de la oleada de migrantes o es acaso que ellos, los Omorishas se cruzaron de brazos ante la investida de los ataques y persecución. ¿Que ustedes creen aburres enpanguis hermanos?

Es por esta simple razón que los formalismos a un lado y vamos a ver como son las cosas en la realidad, del quítate tú para ponerme yo y si uno no se defiende como serian las cosas. El mismo Olodumare (Dios) dice, defiéndete aburre, mi Omo hijo, que yo te Defenderé.

En mis enseñanzas, yo no voy a ir con mucho formalismo ni con cuentos de hadas y historias pasadas sino con lo que es la Santería en sí y los que quieran ser catedráticos intelectuales. Los sábelo todo que se vallan a estudiar a la universidad, que esta religión era orar y no de formalismo y especialmente con Elleggua, Eshu, Orissa de mucho cuidado dentro de la religión de la Santería.

Igguoros Omorisha {hermanos}, la tolerancia tiene un límite y el defenderse también. Mas es por esta razón, que he aprendido de mis experiencias como Omorishas (Santero) mayor y he tenido que sobrevivir, tanto en el santo como en el palo y el espiritismo y de verdad les digo, que no es nada agradable, ya por medio siglo y todavía no termina. Entonces que ustedes creen, que yo me quedo con los brazos cruzados; y para que tengo a Ochun coronada y Asoano San Lázaro como mi padre y mis engangas y mis espíritus. Porque la envidia mata, pero al parecer todavía no ha podido conmigo, ni el quítate tú para ponerme yo. Además la inteligencia mata la ignorancia y palo con el negro y el negro parado. Tanta guerra de enemigos gratuitos amigos de hoy enemigos de mañana.

{Magia Hechizos y Obras}
Eboses limpias despojos con Elleggua

Se cogen tres huevos y se limpia con ellos frente a Elleggua; no sin antes hacer la petición y con una velita encendida en ambas manos. Dejo claro, que a los guerreros no se les arrodilla uno y los saluda de pie y toca el piso; los deposita en una cazuela de barro se persigna pidiéndole protección a Elleggua. Esta obra sirve si usted tiene algún caso de justicia o algo para resolverse. Le puede dar un pollo aseárselo con manteca de corojo y junto con los huevos se los lleva a la manigua al tercer día y al salir, masca maíz tostado antes de dirigirse a hacer la diligencia.

{Otro Obra Ebbo}

Se consigue tres pescaditos pequeños con tripas. En esta obra por lo general, Elleggua tiene su cazuela propia, pero lo más recomendable es usar otra cazuela nueva por si se la tiene que llevar con todo la manigua o donde él la quiera. Se cogen los tres pescados y se limpia con ellos les habla pidiéndole a Elleggua lo deseado. Ya terminado de hacer la petición, se los asa con manteca de corojo al penárselo a Elleggua, le pasa miel, le rocía con ROM y le echa humo de tabaco. Estas obras sirven para todo en general.

{Otra obra para Elleggua}

Se consiguen mazorcas de maíz, por menos tres, que es lo más recomendable para estos tipos de obras que se le hacen a los guerreros sea a Elleggua Oggun e Ochosi. Ya que casi siempre ellos disfruta de su manjar. Se cojeen las tres mazorcas y se hasan; les dejan la pelusa y le pasan manteca de corojo y se brindan a Elleggua haciéndole la petición deseada rizán ROM y humo de tabaco. Les dejo saber, que a legua se paga tres centavos, caramelos, pescado ahumado y jutia y un pollo si es posible.

Esta lista que les daré a continuación, se les hace obras a Elleggua Oggun y Ochosi, poniéndoselas en una cazuela de barro por tres días si es posible. Lo mas primordial que se necesita es fe, para que Elleggua les pueda resolver sus peticiones y siempre pensando positivo. Ya que tanto Elleggua, Oggun y Ochosi, que es el brujo de la religión de la Santería no les fallaran.

{Lista}

1... Bolas de ñame con corojo... limpias, {ebbo} obras

2... Blas de frijol carita...limpias {ebbo}, Obras

3... Tres cocos...limpias, {ebbo}, obras

4... Tres pescados...limpias ebbo, obras

5... Tres huevos... limpias, ebbo, obras

6... Tres arenques... Limpias, ebbo obras

7... Tres plátanos asados con manteca de corojo, limpias, ebbo, obras

8... Tres mazorcas 9...tres boniatos batatas asadas...ebbo, obras

9... Carne de res...limpias, ebbo obras

10... Carne de cerdo frita con manteca de corojo. Limpias ebbo, obras

11... Con ministras... Limpias, ebbo, obras

12... Con pescados... limpias ebbo obras

13... Con jutia...Limpias ebbo, obras

14... Con cuchillo aunque sea de cartón... limpias, ebbo, obras

15... Con revolver aunque sea de juguete... limpia, ebbo obras

16... Con flores... limpias, ebbo obras

17... Con pollos con chivo... limpias, ebbo, obras

18... Con paloma solo para Oggun e Ochosi... Limpias, ebbo, obras

{Notas Aclaratorias}

Estas obra dentro de lo que cabe el factor fe, en la religión de la Santería, muchas veces hacen de lo imposible posible. Ya que en esta religión de la acción predomina en reacción, si tan solo nos motivamos a través de la fe. Por lo tanto, estos tres elementos, Elleggua, Oggun, Ochosi, conocido como los guerreros, cuando la fe se inclina hacia ellos en los eboses, obras, ardimu, ofrendas y trabajos, pueden estar seguros que estos Orissa por su justicia y el poder que Olodumare {Dios} les otorga, los resultados son positivo. Aun mas, hacen posible que el estado anímico de la creencia aumente para los {Omorishas} Santeros y los fieles creyente de este legado religioso de la Santería.

Lista de Plantas Elleggua

Ciguaraya, rabo de sora, guayabo, aguinaldo, espuela de caballero, piñón botija, guajaca, hedionda. Rompe saraguey, san diego, grama fina, guayabilla hitamo real, mastuerzo, cacaya, albaca morada, almacigo, ají, Artemisa helecho, huevo de gallo lechera, pende jera, piñón, yaya, flor de agua, croto, cana brava, parra, aroma, cardo santo, escoba amarga cimarrona hierva pata de gallina mastuerzo, alacrán, hierba fina, perejil, corojo, mejorana zarza parilla, helecho, jobo tabaco, abrojo

{Nota Aclaratoria}

Por lo general hermanos, Omorishas, Iagua Iagua, todos se creen, que los palos y árboles solo le pertenecen a la religión Congo, sea a los paleros de los cuales hacemos nuestras engangas, báculos sagrados, y incluyéndome a mí como palero. Pero dejo bien claro y por datos confidenciales, que todo palo también les pertenecen a los Orissa {Santos} en igual a los mpungos, {Deidades} y que se usaban en los rituales de la Santería; y se le ponen a Oggun como si fuera el mismo Zarabanda; y se le hacen obras a los guerreros con ciertos palos en la hechicería del Santoral Yoruba.

Ya que mfindo (el monte) estas Deidades del Panteón Yoruba como del Pateón Congo tenemos que dejarnos de formalismos e invento. Todas las plantas, arboles, palos, hierbas y bejucos vienen del monte y el awe plantas son la vida, la vitalidad y el {ache} sea la gracia y no hay palos, árboles sin hojas. Tal vez el que no lo sepa podrá pensar, que yo quiero cambiar la Santería; pero esto de no usarlos es equivoco y por a faltar de esos atributos. Sino pregúntenle a quienes saben; verdad Oluos, Obas, los Molongos, Osainistas, Omorishas {Santeros} Iyalochas Babaloshas viejos a ver si no tienen sus palitos en Oggun y algo más bien escondidito.

Dice un dicho, que de lo aprendido bien nunca se olvida y la escuela de la vida enseña de acuerdo a lo que se aprende. Porque en el mundo de los sabelotodo, siempre se vive de la duda y la ignorancia de no querer aprender por saberlo todo. Aburres {hermano}, la vida es para aprender. Por eso en este manual de enseñanza, son medio siglo vivido ejerciendo las diversas religiones Santería, Palo y Espiritismo; aprendiendo de ellas para que no me vengan con cuentos e historias como los hacen los libros del mundo de los intelectuales y catedráticos, que no saben en si lo que es estar de frente a la realidad de este legado religioso de la Santería.

Lista de Palos
Palo santo
Palo moro
Palo torcido
Palo diablo
Palo cuerno
Palo ayua
Palo tengue
Palo caimito
Palo guayabo
Palo tengue

{Plantas palos y bejucos}

Igguoros hermanos, omorishas, obviamente la Santería en si es un misterio del cual descifrarlo sea un poco imposible, porque no contamos con los recursos de lo que la madre naturaleza nos provee en todos los lugares en donde se practica esta religión de la Santería. La cari osha, Cajori enlerdad, el asiento de santo en los eleri, sea santo en la cabeza, que es en si el principio de esta religión en unificando dos mundos que son el físico y el espiritual a través del Santoral Yoruba. Ya que el pueblo Lucumi en sus creencias ceremonias e rituales, fundo dentro de la fe y la vida misma, para vivir de ella amparándose de Dioses y Deidades Orishas, los {Egun} muertos e antepasado; que ellos mismo catalogaban de su amparo y protección en donde ellos ampararse de la fe en esta religión que hoy día la conocemos como la Santería.

Es tan así, que la estadía del pasado es el presente del cual hoy día nosotros nos amparamos y nos sostenemos del bastón con lo cual nos aguantamos dentro de la fe en esta religión de la Santería. Mas el por educto e la esencia de encontrar en ella lo mismo que nuestros antepasados, tal vez nos imposibilitan por la falta de los recursos naturales de la naturaleza sean las plantas, hiervas, árboles, raíces, bejucos y palos. Porque en verdad son miles de plantas y el conocer un poco mas de los secretos de los agües {plantas} no está demás.

Además dejo bien claro en decir, que científicamente, yo no sé el nombre de las plantas árboles palos. Porque yo enseño santería de a verdad, no química, ni medicina, ni historias, ni cuentos pasados, de trayectoria de lo que fue, sino de lo que será para los futuros fieles seguidores de este legado religioso. Más de esta forma que no se pierda la esencia, ni se altere el por educto de tan hermosa religión Yoruba, la Santería, la Cari Ocha Cabori Elerdad. Ya que un cuerpo sin cabeza no es un cuerpo y aprender no ocupa espacio ni la cabeza eleri nos va crecer. Más sigan riéndose que se me soltó la lengua aburres Igguoros.

Bejucos y Raíces

Bejuco colorado

Bejuco verraco

Bejuco cementerio

Bejuco lombriz

Bejuco batalla

Bejuco de JÍA

Bejuco alacrancillo

Bejuco chayote

Bejuco san Pedro

Bejuco conté amor

Bejuco boniato

Bejuco Lucumi Ext.

A continuación para variar y abreviar un poco el camino, les brindare una lista de plantas en general de las plantas más comunes. Aunque, muchos de la religión de la Santería no la conozcan por las circunstancias de no contar con ellas en este país o región en donde se practica la religión de la Santería.

Siempre viva, Algodón, bledo, blanco, almendra Amón campana, peregun, salvadera, galán de noche, hierba fina, hitamo real, lechera, flor de agua frescura, canutillo blanco, acacia, cimarrona, estropajo, prodigiosa, corazón, ciruela, almacigo verbena aguinaldo guanábana, higuereta, piñón de botija paraíso campana, álamo, hierba fina, peregun, ñame

Ciguaraya, guayabo, rabo de sora, guayabo, aguinaldo, espuela de caballero, piñón botija, guajaca, hedionda. Rompe saraguey, san diego, grama fina, guayabilla hitamo real, mastuerzo, cacaya, albaca morada, almacigo, ají, Artemisa, helecho, huevo de gallo, lechera, pende jera, piñón, yaya, flor de agua, croto, cana brava, parra, aroma, cardo santo, escoba amarga, cimarrona, hierva pata de gallina, mastuerzo, alacrán, hierba fina, perejil, corojo, mejorana zarza parilla, helecho, jobo tabaco, abrojo.

{Bejucos Del Monte}

Bejuco colorado

Bejuco verraco

Bejuco cementerio

Bejuco lombriz

Bejuco batalla

Bejuco de JÍA

Bejuco alacrancillo

Bejuco chayote

Bejuco san Pedro

Bejuco conté amor

Bejuco boniato

Bejuco Lucumi

Ebbo De Estera

Hermanos omorishas lagua lagua, este procedimiento de consulta registro es para determinar lo que se hará antes de la iniciación, el cual lo hace el Oba, Oréate Italeros que es el sacerdote mayor que auspicia este ritual de ebbo de estera se hace al final. También dado el caso de marcar para donde se va el ebbo del iniciado lo cual dejo saber que hacer con el ebbo de registro de entrada. Cada Oriate lo puede hacer diferente y para determinar lo que se va hacer al yabo; solo se puede hacer común registro de lectura de entrada sin confusión lagua lagua Omorishas.

Lagua Lagua Omorishas

Primero se Mayugbba se reza a los santos y a los muertos

Echando agua se dice:

Omi Tuto, Ana tuto, Tuto llé Olodumare, Ayugba ibaé Ballén Tenú to embelese Olodumare. Ebbo guire ateo Olodumare.

Eshu a laguana chuchuguere guere aguo ambo otonigoro adallin Obatalá oni tani ebbó oni to aban eshu bogbo arayé tobarabo ebbó a da moguisí vararía anin liaran ofó aje degante locún aba te to aba tete aba tete.

To lagu legu de aré onú, que tocún de agu to embelese Olodumare ibae balle tonú.

Kinkamashé Camarano Cama Ofó, cama iña aricubabagua. MOyogba aceddá, moyogba acoda, iyalosha, babalaosha, Oluo que coguale.

Laroye akileyú elebbó mi siallo, elebbó ni queni iberú lechón, obbí que mose ebbó, que balle begbo jujú bogbe temullán bara quí elebbó de Ojuani a rufi aguadedó, Ojuani abelarí aguadedé, Ojuani abelaría aguadedé.

Okana Sorde: Okana sorde, seredomá, seredegué, batioserde, aricubabagua.

Ojuani: Ojuani, shobi, obbe guasisa, chimiche, aguó, aguardé, ofeyú, eyá aguadedé, ofeyú agganam ashemiché, addié banebere, cana tafetán.

Eyioco: Eyioco, temi tan, temi tiche, moniguolocón, telarocún temerán, temi tiche moniguelocuán.

Ogunda: Ogunda guede tetellí tetellí faranllé afesullé beosuleno osu.

Ogunda: Ogunda guede tetellí tetellí faranllé afesullé beosulenu osu.

Ofún Mafun: ofú mafún que mafún eleguedé, ofún saro obirín, ofún Lara, ofún señori, efuru le cocú, efuruú locogué oke orilla adi arallé coletú.

Eyeunle: eyeunle denden labolu leuden la bosí denden labo olosha ati coleril adaí boletí, ada oguelese, ada oboítu o unle, oni tu obi tibitire ocunibuke oba líe aón tototo agón Bororo ot oto bel le epa atisenú.

Ejila: ejila aponaguse acha agualodere adafún olodere rioloro tale gale enieinusruru capicapalentí annode adarodo colle eleco odere coloro tale tale obon aul ala deré nolieragucí.

Osa: osa cuo Iguerí cué gué atunico agué cose va cosi congil obe nichere ifa derebichere ecún.

Obara: Obara obliara ola bara ellelinra qtcate coma cate cate arallé.

Oddi: Oddi acham oldire dima coldima ikú coldima arón coldima elló. Qusile coldinia cama na alié ollita giícoilima colle.

Oshe: Oshe peche mullucú mulucó olletoba legué ashé mulucó mulucú loradafún acatampo lori ashé iballé degui coldidé sara undere oguse iba. Ogusó iba omo iba yalerde abe.

Ejilá: Ejilá cheverá aganagalla agabaggala ocacún allagagabada. Quini criseha quinchetiba ota lorifé quinteché iba este quemado ete ikú aquemacheté arún quecheté ofé quemacheté elló.

Guía dice: Larirá fitocheo.
Coro dice: Iba OTA larira fitecho iba ota.
Se repite.
Nota: esto cantos se hace al finar del ebbo de estera

Osian Cantos Sagrados

De este otro procedimiento es el comienzo al ritual de iniciación a esta religión del Santoral Yoruba, entra a la vida los rituales de las plantas agueses en cogiendo la esencia de conságrale las aguas bautismales de los lavatorios. en lo cual se realiza en esta religión de la Santería dando comienzo de vida a través de las plantas agües por mediación de los rituales y ceremonias. Se le da vida espiritual en forma de bautismo llamados Osian

Saralleses Cantos De Osayin, Orun

Dejo claro en mis lecciones que estos cantos, rezos, orun son sagrados para el lavatorio de todo ceremonia en este legado religioso. Ya que estas plegarias tan el comienzo de la obra de consagración en la religión Yoruba, con el sumo de las plantas implorándole al Dios Osian; llamándolo para su labor de enjuague donde se utilizan las plantas un Oba Sacerdote mayor omorishas para el lavatorio y luego se sazonan después de terminar con pimienta, Angola, ron, manteca de corojo, pescado ahumado, jutia, miel y agua bendita.

Orun Rezos y Cantos de Osian

Illa, cama illa
Bibo, camalla bibo
Enu camalla enu

Achequere, queremelli
Achequere quila bboche

Achequere, queremelli
Achequere quila bboche

Achequere, queremelli
Achequere quila bboche

Curu curo guede
Maribo saín, Osian, Osian bbole maribo

Curu curo guede
Maribo saín, Osian, Osian bbole maribo

Curu curo guede
Maribo saín, Osian, Osian bbole maribo

Cucuru, cucuru
Tiggui, tigui labbooldin llera tigui, tigui

Cucuru, cucuru
Tiggui, tigui labbooldin llera tigui, tigui

Cucuru, cucuru
Tiggui, tigui labbooldin llera tigui, tigui

Eggue nireo, eggue, nireo, eggue
Ozain gguelode, eggue nireo
Oma gguelode, oma omanireo mallenireo, ille IL enireo

Eggue nireo, eggue, nireo, eggue
Ozain gguelode, eggue nireo
Oma gguelode, oma omanireo mallenireo, ille IL enireo

Eggue nireo, eggue, nireo, eggue
Ozain gguelode, eggue nireo
Oma gguelode, oma omanireo mallenireo, ille IL enireo

Molleun, eggue mosaroo, molleun eggue mosara
Eggue lo lovi mi
Eggue lo llami
Molleun eggue mosara

Molleun, eggue mosaroo, molleun eggue mosara
Eggue lo lovi mi
Eggue lo llami
Molleun eggue mosara

Molleun, eggue mosaroo, molleun eggue mosara
Eggue lo lovi mi

Eggue lo llami
Molleun eggue mosara

Daddara maddaoo, daddora madda
Osian samiguoo daddara mamad

Daddara maddaoo, daddora madda
Osian samiguoo daddara mamad

Daddara maddaoo, daddora madda
Osian samiguoo daddara mamad

Oñiqui ñiqui odoromico, Oñiqui ñiqui ddaromi
Oñiqui ñiqui, agua ocumaoo
Oñiqui oñiqui addoromi

Oñiqui ñiqui odoromico, Oñiqui ñiqui ddaromi
Oñiqui ñiqui, agua ocumaoo
Oñiqui oñiqui addoromi

Oñiqui ñiqui odoromico, Oñiqui ñiqui ddaromi
Oñiqui ñiqui, agua ocumaoo
Oñiqui oñiqui addoromi

Be isensemio bei lai lemi
Eggui, ggui nillerocio
Eguigui agua semideo

Be isensemio bei lai lemi
Eggui, ggui nillerocio
Eguigui agua semideo

Be isensemio bei lai lemi
Eggui, ggui nillerocio
Eguigui agua semideo

Momuraa mofilleo
Momura agua lode
Momuraa mofilleo
Momuraa gualode

Momuraa mofilleo
Momura agua lode
Momuraa mofilleo
Momuraa gualode

Momuraa mofilleo
Momura agua lode
Momuraa mofilleo
Momuraa gualode

Bele benito bleoo
Bele benito ble
Cacaocuo cuomobeleble
Bele benito ble

Bele benite bleoo
Bele benito ble
Cacaocuo cuomobeleble
Bele benito ble

Bele benito bleoo
Bele benito ble

Cacaocuo cuomobeleble
Bele benito ble

Guegguo nicoto
Igualase melli socuta

Guegguo nicoto
Igualase melli socuta

Guegguo nicoto
Igualase melli socuta

Chiquiri guangguan
Chiquiri guangguan
Agguana mellequigguello

Chiquiri guangguan
Chiquiri guangguan
Agguana mellequigguello

Chiquiri guangguan
Chiquiri guangguan
Agguana mellequigguello

Charre gguagguo
Egguago cerré
Ozain oddu unddu

Charre gguagguo
Egguago cerré
Ozain oddu unddu

Charre gguagguo
Egguago cerré
Ozain oddu unddu

Ocuma laggua, eggue ocuma laggua
Ocuma laggua
Ocuma laggua

Ocuma laggua, eggue ocuma laggua
Ocuma laggua
Ocuma laggua

Ocuma laggua, eggue ocuma laggua
Ocuma laggua
Ocuma laggua
Ocuma laggua, eggue ocuma laggua
Ocuma laggua
Ocuma laggua

Abbera berama, abbera bberama
Obba diña Lu Osian, Abdera bberema llele

Abbera berama, abbera bberama
Obba diña Lu Osian, Abdera bberema llele

Abbera berama, abbera bberama
Obba diña Lu Osian, Abdera bberema llele

Baba fororo, baba fomore
Oba diña Lu Osian
Baba fomore yeyé

Baba fororo, baba fomore
Oba diña Lu Osian
Baba fomore yeyé

Baba fororo, baba fomore
Oba diña Lu Osian
Baba fomore yeyé

Baba fororo, baba fomore
Oba diña Lu Osian
Baba fomore yeyé

Baba fororo, baba fomore
Oba diña Lu Osian
Baba fomore yeyé

Baba fororo, baba fomore
Oba diña Lu Osian
Baba fomore yeyé

Baba fororo, baba fomore
Oba diña Lu Osian
Baba fomore yeyé

Lle oma llomi, aguana oma llegun ochinchin oma llegan beduba llegua lo aggua

Lle oma llomi, aguana oma llegun ochinchin oma llegan beduba llegua lo aggua

Lle oma llomi, aguana oma llegun ochinchin oma llegan beduba llegua lo aggua

Tani guirri oca
Mi oca baba, quini guolocun

Tani guirri oca
Mi oca baba, quini guolocun

Tani guirri oca
Mi oca baba, quini guolocun

Lle oma sanuco, aquere ggueggue sanuco ma Eggue

Lle oma sanuco, aquere ggueggue sanuco ma Eggue

Lle oma sanuco, aquere ggueggue sanuco ma Eggue

Atípala fagururo, atípala fagururo
Ifa oggue, ifa oma atípala fagururo

Atípala fagururo, atípala fagururo
Ifa oggue, ifa oma atípala fagururo

Atípala fagururo, atípala fagururo
Ifa oggue, ifa oma atípala fagururo

Alaferiggua mamaqueño, leri ache quiqueñe
Alaferiggua mamaqueño, leri ache quiqueñi agguo

Alaferiggua mamaqueño, leri ache quiqueñe
Alaferiggua mamaqueño, leri ache quiqueñi agguo

Alaferiggua mamaqueño, leri ache quiqueñe
Alaferiggua mamaqueño, leri ache quiqueñi agguo

VOCABULARIO YORUBA SIGNIFICADO

Omiero................Agua consagrada con el sumo de las plantas

Homérica ....Hijo de santo persona iniciada

Igguoro ....Palabra llamada a los santeros

Oba ....Santero mayor oréate auspiciador del ritual

Aleyo...................Persona no iniciada

Alafi ....Nombre de Chango

Bakoso ....Nombre de Chango

Llufina..................Nombre de Chango

Iya losha ....Sacerdotisa de la religión Yoruba

Baba losha ....Sacerdote de la religión Yoruba

Ella aranla ....Salón en donde se efectúa un ritual

Dilogun ....Los caracoles de los Orishas

Egun ....Muertos antepasado

Adurar..................Rezos de la santería

Yefa......................Polvo de ñame consagrado por el babalao

IDE ....Manilla husada por los iniciados

MOguDUgba........Saludar, saludo, reverencia

Iyawo ....Persona recién iniciada

Olorun..................Dios del cielo

Osogbo ....Algo negativo para el consultante

Aborisha...............Practicantes de la religión yoruba

Ashe.....................Gracia de los Orishas

Ille osha...............Casa de los Orishas

Iku .... La muerte

Asowano .... San Lázaro

Agagyu .... Orissa del panteón yoruba

Ifareo .... Palabra que dice que hable ifa

Orin .... Cantos de la religión

Iré Y Osorbo, El Bien Y El Mal

Igguoros hermanos omorishas lagua lagua, la religión Yoruba define estas palabras de un modo desde el punto de vista, que dentro de la vida misma, si existe el bien y el mal. Algo que compone la existencia misma de lo que somos, ya que entre el bien siempre vive un mal oculto, sea por la enfermedad, la muerte, la tragedia, los genocidios, los fracasos y la mala suerte que son los componentes del mal {Osogbo}.

Mas al referirme al iré {el bien}, que mas esta decirle de lo bueno de la vida, la suerte, la fortuna, el bienestar, la prosperidad, la abundancia, el amor, la salud, en si la sobrevivencia de ser previlejado por el factor suerte el bien de la vida,

Lista Del Bien {Ire}

Iré otonogua .... Bien del cielo

Iré Elese osha .... Bien del santo

Ire aricu .... Bien inmortalidad

Iré Elese Egun .... Bien de los muertos

Ire Elese Owo .... Bien por dinero

Ire Elese Ocuni ...... Bien por un hombre

Iré Elese Obini ...... Bien de parte de una mujer

Ire Elese baba .... Bien del padre

Ire Elese otan .... bien por las piedras

Ire Elese aranu ...... bien del mas allá

Osogbo {Mal}

Icu .... por muerte
Fitivo .... muerte de repente
Arraye .... arrastre
Aro .... enfermedad
Ona .... castigo
Ofo .... Tragedia
Tilla, tilla .... pleitos males

Caminos De Los Orishas
Legba, Eleggua, Eshu

Eshu alaguana
Eshu bi
Eshu Afra
Eshu aye
Eshu la rolle
Eshu la mata
Eshu bara labbiqueño
Eshu Bara
Eshu Alayiqui
Eshu Guannibele
Eshu Oko oro
Eshu grillelu
Eshu Oggun
Eshu Alona
Eshu Añagui
Eshu Achichelu

Rezos Para Eleggua

Onilbode Eshu agguo onibode
Dacamo Omo, decamoafefa
Ogguede mefa, ogguede llu
Azoran llama cotiti cocoribilla
Olodumare acoco ungguere na alle gguei
Ati omoala cosudalle:"

Caminos De Yemaya Olocun

1... Olori
2.... Cainde
3.... Itaguo
4.... Arragba
5.... Ideu
6.... Aina
7.... Oronia

Caminos De Yemaya

Yemaya ocute
Yemaya mollelegun
Yemaya ocoto
Yamaya asesu
Yemaya oro
Yemaya aggana
Yemaya oquere

Caminos De San Lazaro

Arroyano

Solli

Negreé

Agro

SA cu ata

Olua

Baba aravo

Azuco

Afimalle

Token

Sujjo

Docunoamobo

Caminos De Ochun

Ibbu Cole Ibbu acuara

Ibbu orrollobi

Ibbu ñare

Ibbu ollololdi

Ibbu adessa

Ibbu addsa

Ibbu iñañi

Ibbu addoi

Ibbu diaña

Ibbu aggale

Ibbu ocuanda Ibu llomu

Caminos De Obatala

Allaguna

Osacriñan

Obba moro

Echo

Llenbo

Obanla

Iroco

Ochanla

Eru aye

Llecu llecu

Agguema

Llelu Allalua

Obala fun

Oggan

Oque ilu

Olefuro

Igguoros Omorisha lagua lagua y fieles creyentes, el conocimiento de este legado religiosos del Santoral Yoruba, equivale a la sabiduría de ser sabio en lo que se profesa de fe. Ya que cuando el hombre se instruye en si es sabio. Aun mas reitero, que dentro del comienzo de aprender se deja la ignorancia a un lado y en si eso si es de sabio, ya que aprender es un don divino que se cultiva de inteligencia para la superación. Esperando que este manual de enseñanza les sirva de guía en igual a los siete volúmenes, que son mis experiencias vividas por medio siglo dentro de estos legados religiosos del Santoral Yorube. Un abraso a todos lagua lagua Igguoros omorishas y todo fiel creyente de este legado religioso del Santoral Yoruba.

Ille Osha casa de Santo Ochun Alamace
Templo Lucero Mundo. Santeropalero.com Tel. 718 8939741